AF603486

EX BIBLIOTHECA SEMINARII SANCTI SULPITII PARISIENSIS.
SIG. S·S·S.

CONVERSION

DE

M. MARIE-ALPHONSE RATISBONNE.

IMPRIMERIE DE E.-J. BAILLY,
Place Sorbonne, 2.

O ma Souveraine !
C'est vous qui ravissez les cœurs.

Elle ne m'a point parlé, mais j'ai tout compris.

(Conversion de M. Ratisbonne)

O MISÉRICORDE... O MISÉRICORDE... O MISÉRICORDE...

Gloire au Père...! Gloire au Fils...! Gloire au St Esprit ...!

Amour à notre MÈRE ...

Se vend à Paris chez Ch. Letaille éditeur Rue St Jacques 30 (Propriété déposée)

CONVERSION

DE

M. MARIE-ALPHONSE RATISBONNE.

RELATION AUTHENTIQUE,

PAR M. LE BARON TH. DE BUSSIÈRES,

SUIVIE

DE LA LETTRE DE M. MARIE-ALPHONSE RATISBONNE

A M. DUFRICHE-DESGENETTES,

Fondateur et Directeur de l'Archiconfrérie du Très-Saint et Immaculé Cœur de Marie, établie en l'église de Notre-Dame-des-Victoires, à Paris.

TROISIÈME ÉDITION.

Se vend au profit de l'Œuvre de la Propagation de la Foi.

PARIS.

ANCIENNE MAISON DEBÉCOURT,

SAGNIER ET BRAY, LIBRAIRES-ÉDITEURS,

RUE DES SAINTS-PÈRES, 64.

1844

Et non est qui possit tuæ resistere voluntati, si decreveris salvare Israël?

Qui pourra, Seigneur, s'opposer à votre volonté, si vous avez résolu de sauver Israël?

(Esther, ch. 13.)

DÉCLARATION.

En affirmant que tous les faits contenus dans ma relation sont de la plus rigoureuse exactitude et de la plus sincère vérité, je déclare, conformément au décret d'Urbain VIII, que je les crois, comme les faits humains, par les seuls motifs tirés de la raison.

Rome, 17 février 1842.

LE BARON DE BUSSIÈRES.

RELATION AUTHENTIQUE

DE LA

CONVERSION

DE

M. MARIE-ALPHONSE RATISBONNE.

Et omnis plebs, ut vidit, dedit laudem Deo. (S. Luc, 18.)

Celui qui, sur la route de Jéricho, se servit d'un peu de boue, pour ouvrir à la lumière du ciel les yeux d'un aveugle-né, le Christ a permis que je fusse le principal témoin de l'événement le plus extraordinaire, si on le considère au seul point de vue de la raison humaine.

Je raconte un fait incontestable; je dis ce que j'ai vu de mes yeux, ce qu'une foule de témoins honorables peuvent affirmer, ce que Strasbourg ne pourra croire, ce que Rome entière admire : un homme, jouissant de tout son bon sens, de toute la plénitude de ses facultés, est entré dans une église, juif obstiné, et par un de ces coups de la grâce qui terrassa Saul sur le chemin de Damas, il en est sorti, dix minutes après, catholique de cœur et de volonté.

Vers la fin de l'automne de l'année 1841, un jeune homme appartenant à une famille de Strasbourg, distingué par sa position et par l'estime de tous, arrivait à Naples, afin de poursuivre jusqu'en Orient un voyage de santé et de plaisir. Ce n'était pas sans regret qu'il avait quitté sa patrie, car il y laissait une fiancée chérie, une jeune fille belle et douce qu'il aimait comme un trésor d'espérance. Cette jeune fille était sa propre nièce ; mais un sentiment mutuel, bien plus que des convenances de famille, avait déterminé ce mariage.

Alphonse Ratisbonne était Israélite. Destiné à une position brillante, il se promettait de consacrer tous ses efforts à la *régénération* de ses coreligionnaires ; il rapportait à ce but toutes ses pensées et toutes ses espérances ; car il s'indignait de tout ce qui pouvait rappeler la malédiction qui pèse sur les descendants de Jacob. Il n'était encore qu'un enfant, lorsqu'il y a quinze ans, un coup bien sensible vint briser une de ses affections les plus chères. Théodore Ratisbonne, son frère, se convertit au catholicisme, et entra dans les ordres sacrés. Le temps n'avait pu cicatriser cette plaie, chaque année ajoutait à sa haine ; jamais il n'avait pu pardonner à celui qu'il regardait comme un transfuge, et contre lequel il excitait, il nourrissait sans cesse l'opiniâtre ressentiment de la famille.

Cependant le beau ciel de Naples ne pouvait lui faire oublier l'Orient, but du voyage, ni surtout les joies du retour. Il ne lui restait que quelques mois pour visiter la Sicile, Malte et Constantinople. L'été de 1842 devait le ramener près de celle qu'il aimait, et consacrer une union qui fixerait désormais sa position et assurerait son bonheur; il fallait partir. Il sort donc un matin pour aller, sans plus de délai, fixer sa place sur le bateau à vapeur, qui devait le mener à Palerme. Chemin faisant, il songe qu'il n'a pas vu Rome; qu'une fois de retour, marié, lancé dans les affaires, associé peut-être à la maison de son oncle, il est peu probable qu'il puisse revenir en Italie. Absorbé par ces réflexions, il entre dans un bureau; mais c'est celui des diligences; il y retient une place, et trois jours après il est à Rome.

Du moins il n'y fera qu'un bien court séjour; sa volonté est précise, son parti irrévocablement pris : dans quinze jours il est de retour à Naples. C'est en vain que la ville éternelle lui étalerait toutes ses merveilles ; il ne peut rester un moment de plus ; l'Orient et sa fiancée l'attendent.

Le voilà donc visitant les ruines, les églises, les galeries; entassant en vrai touriste, les courses, les impressions et les souvenirs confus. Il a hâte d'en finir avec cette ville qu'il est venu voir, moins encore par curiosité, que par une sorte d'entraînement qu'il s'explique mal. Il part demain; mais il doit une visite d'adieu à un ancien ami. Gustave de Bussières a été élevé avec lui dans la même pension, et les deux camarades d'enfance sont restés intimement liés, malgré l'opposition de leurs idées religieuses. Gustave, mon frère, est protestant très-zélé, de la secte des piétistes. Il avait quelquefois essayé, mais en vain, d'attirer à lui le jeune Israélite; les causeries se terminaient ordinairement par deux mots, qui rendaient assez bien la situation morale des deux interlocuteurs : *Protestant enragé!* disait l'un; *Juif encroûté!* répondait l'autre.

Ratisbonne ne trouve point mon frère, qui était parti pour la chasse. Il vient chez moi ; mais il n'entrera pas; il se contentera de mettre une carte *p. p. c.* Le hasard ou plutôt la Providence permet qu'il s'adresse à un domestique italien, qui, le comprenant mal, l'introduit à son grand regret dans le salon.

Jusqu'à ce moment, nous ne nous étions rencontrés qu'une seule fois chez mon frère, et malgré mes avances, je n'avais obtenu de Ratisbonne que la froide politesse d'un homme bien élevé. Cependant c'est l'ami de Gustave, c'est le frère de l'abbé Ratisbonne, avec lequel je suis intimement lié; je le reçois donc de mon mieux; je lui parle de ses courses; il me raconte ce qu'il a vu, et ses impressions. « Il m'est arrivé, ajoute-t-il, une chose assez extraordinaire : en visitant l'église d'Aracœli au Capitole, je me suis senti saisi d'une émotion profonde, que je ne pouvais expliquer. Témoin de mon agitation, le valet de place me demanda ce qui m'arrivait, si je voulais me retirer; prétendant que plusieurs fois il avait vu des étrangers éprouver cette même émotion. »

Il paraît qu'au moment où Ratisbonne me faisait cette confidence, mes regards étincelants de joie semblaient lui dire: *Tu seras des nôtres;* car il se hâta d'affirmer avec une intention bien marquée, que cette impression avait été purement religieuse et nullement chrétienne. « D'ailleurs, continua-t-il, en descendant du Capitole, un bien triste spectacle vint rallumer toute ma haine contre le catholicisme; je traversai le Ghetto, et, tout en voyant la misère et la dégradation des juifs, je me disais qu'après tout, il valait mieux être du côté des opprimés que de celui des oppresseurs. » — Notre causerie tendait à la discussion: j'essayais, dans mon entraînement, de lui faire partager mes convictions catholiques, et lui, souriant de mes efforts, me répondait avec une bienveillante pitié pour ma superstition : *qu'il était né juif, et qu'il mourrait juif.*

Alors il me vint l'idée la plus extraordinaire, une idée du ciel, car les sages du monde l'auraient appelée folie :

« Puisque vous êtes un esprit si fort
« et si sûr de vous-même, promettez-
« moi de porter sur vous ce que je vais
« vous donner.

— « Voyons, de quoi s'agit-il ?

— « Simplement de cette médaille. — Et je lui montre une médaille de la Vierge miraculeuse. Il se rejette vivement en arrière avec un mélange d'indignation et de surprise. —

« Mais, ajoutai-je froidement, d'après
« votre manière de voir, cela doit vous
« être parfaitement indifférent, et c'est
« me faire, à moi, un très-grand plaisir.

— « Oh! qu'à cela ne tienne, s'écria-
« t-il alors en éclatant de rire ; je veux au
« moins vous prouver qu'on fait tort aux

« juifs en les accusant d'obstination et « d'un insurmontable entêtement. D'ail« leurs, vous me fournissez là un fort « joli chapitre pour mes notes et im« pressions de voyage. » Et il continuait des plaisanteries qui me navraient le cœur, car pour moi c'étaient des blasphèmes.

Cependant, je lui avais passé au col un ruban auquel mes petites filles, pendant notre débat, avaient attaché la médaille bénite. Il me restait quelque chose de plus difficile encore à obtenir, je voulais qu'il récitât la pieuse invocation de saint Bernard : *Memorare, o piissima Virgo*.... Pour le coup il n'y tint plus; il me refusa positivement avec un ton qui semblait dire : cet homme est en vérité par trop impertinent. Mais une force intérieure me poussait moi-même, et je luttais contre ces refus réitérés avec une sorte d'acharnement. Je lui tendais la prière, le suppliant de l'emporter avec lui, mais d'être assez bon pour la copier, parce que je n'en avais pas d'autre exemplaire.

Alors avec un mouvement d'humeur et d'ironie, comme pour échapper à mes importunités : « Soit, je l'écrirai ; vous « aurez ma copie et je garderai la vôtre ; » et il se retira en murmurant tout bas : « Voilà un original bien indiscret. Je vou« drais bien savoir ce qu'il dirait, si je le « tourmentais ainsi, pour lui faire réciter « une de mes prières juives. »

Lorsqu'il fut sorti, nous nous regardâmes quelque temps en silence, ma femme et moi. Tout affligés des blasphèmes que nous avions entendus, nous en demandions au ciel pardon pour lui ; nous recommandions à nos deux petites filles de réciter le soir l'*Ave Maria*, pour la conversion d'Alphonse.

Désormais toutes les circonstances deviennent si importantes pour constater l'œuvre du Seigneur, que c'est un devoir pour moi de raconter, autant que possible, ce que j'ai fait, ce qu'a fait Ratisbonne, depuis le jour où il a emporté le *Memorare*, jusqu'au moment où la mère des miséricordes lui arracha le bandeau qui l'empêchait de voir, jusqu'à celui où il a eu le bonheur de faire devant tous, profession de la foi catholique.

Ratisbonne ne pouvait assez s'étonner de mes instances; il avait pourtant copié cette prière à laquelle j'attribuais une si puissante efficacité; il la lisait et relisait, afin d'y découvrir ce qui me la rendait si précieuse. A force de la lire, il la savait presque par cœur; elle lui revenait à chaque instant à la mémoire, il la répétait machinalement, comme ces airs d'opéra, qu'on chante sans y penser, et en s'en impatientant.

Quant à moi, j'étais tout préoccupé de ce qui s'était passé entre moi et un homme, avec lequel je n'avais aucune relation d'intimité, avec lequel j'avais causé ce jour-là, pour la première fois. Je ne pouvais me rendre compte de cette force intérieure qui me poussait vers lui, et qui, en dépit de tous les obstacles, et de l'opiniâtre indifférence qu'il opposait à mes efforts, me donnait une conviction intime, inexplicable, que tôt ou tard Dieu lui ouvrirait les yeux. J'étais décidé à l'empêcher à tout prix de partir dans la soirée; j'allai lui faire une visite à l'hôtel Serny, et ne l'ayant point trouvé, je l'engageai par un billet à vouloir bien passer chez moi, le lendemain dimanche, vers dix heures et demie du matin.

Le soir, selon un pieux usage de Rome, je devais faire, avec le Prince M. A. B. et d'autres amis, la veillée devant le Saint-Sacrement. Je leur recommandai de se joindre à mes prières, pour obtenir de Dieu la conversion d'un juif.

Dimanche, 16 janvier.

Ratisbonne fut exact au rendez-vous; et m'abordant d'un air très-dégagé : « Eh « bien! j'espère que vous ne songez plus « à vos rêveries d'hier. Je viens prendre « congé de vous, je pars cette nuit.

— « Mes rêveries! ce qu'il vous plaît « d'appeler ainsi, me préoccupe plus que « jamais; et quant à votre départ, n'en « parlons pas; car il faut absolument le « remettre à huit jours.

— « Impossible, ma place est retenue.

— « Qu'importe? allons ensemble au « bureau des diligences, dire que vous « ne partez plus.

— « Ah! cette fois, c'est trop fort; très- « décidément, je pars.

— « Très-décidément vous ne partirez « pas ; dussé-je vous tenir sous clef dans « ma chambre. »

Et je lui représente qu'il ne peut quitter Rome, sans avoir vu une cérémonie à Saint-Pierre ; que dans peu de jours il aura cette occasion ; bref, je l'entraîne, tout stupéfait de mon opiniâtreté, et après avoir été ensemble faire rayer son nom de la liste des voyageurs, je le conduis à l'église des Augustins et à celle du Jésus.

Ce même jour, dînant au palais Borghèse avec monsieur le comte de Laferronnays, je lui racontais, dans la soirée, ma préoccupation du moment ; je recommandais instamment à ses prières mon jeune Israélite. Il me confessait ingénument lui-même, dans l'épanchement de cette causerie intime, la confiance qu'il avait toujours eue à la protection de la sainte Vierge, même à une époque où les agitations de la politique ne lui permettaient pas toujours cette piété pratique, dont il nous a donné l'exemple dans les dernières années de sa vie. Ayez confiance, me répétait-il ; s'il dit le *Memorare*, vous le tenez, lui et bien d'autres encore.

Lundi, 17 janvier.

Je fis quelques promenades nouvelles avec Ratisbonne, qui vint me prendre vers une heure. Je remarquais avec chagrin le peu de fruit que produisaient nos conversations ; car il était toujours dans les mêmes dispositions : hostile et dénigrant pour le catholicisme; cherchant à échapper par la raillerie aux arguments, qu'il ne se donnait pas la peine de réfuter.

Monsieur de Laferronnays mourut presque subitement le soir à onze heures, laissant aux amis qu'il avait édifiés par la ferveur de ses dernières années, comme à la famille qui le pleurait, l'exemple de ses vertus, et la consolation d'espérer que Dieu ne l'avait appelé à lui que parce qu'il était mûr pour le ciel (1).

(1) Voir à la fin de ce volume quelques détails sur les derniers instants de cet homme si noble et si chrétien.

Habitué depuis longtemps à l'aimer comme un père, je partageais, avec les larmes de tous les siens, les tristes soins qu'imposait cette douloureuse circonstance; mais le souvenir de Ratisbonne me poursuivait jusqu'auprès du cercueil de mon ami.

Mardi, 18 janvier.

J'avais passé une partie de la nuit au milieu de cette famille si justement éplorée. Comprenant mieux que personne sa douleur, j'hésitais à me séparer d'elle; et pourtant une préoccupation inquiète ramenait sans cesse ma pensée à Ratisbonne, comme si une main invisible m'eût poussé vers lui. Je ne voulais pas me séparer de ce qui restait ici-bas de mon ami; je ne pouvais pas éloigner ma pensée de cette jeune âme que je voulais conquérir à ma foi. Je dis ma lutte intérieure à M. l'abbé G., que la Providence a établi depuis longtemps l'ange gardien et consolateur de la famille Laferronnays. « Allez, me répondit-il, allez, continuez « votre œuvre ; c'est vous conformer aux « intentions de M. Laferronnays, qui a « prié avec ardeur pour la conversion de « ce jeune homme. »

Me voilà donc de nouveau courant après Ratisbonne, m'emparant de lui, lui montrant les antiquités religieuses, pour fixer sa pensée sur les vérités catholiques ; mais je parlais en vain. Je voulus qu'il visitât une seconde fois avec moi l'église d'Aracœli. S'il y éprouva encore une certaine impression, elle fut bien fugitive ; car il m'écoutait froidement et ne répondait à toutes mes réflexions que par des plaisanteries. « Je songerai à tout « cela, disait-il, quand je serai à Malte ; « j'en aurai le temps, je dois y passer « deux mois. Ce sera bon pour me dés- « ennuyer. »

Mercredi, 19 janvier.

Je dirigeai notre promenade vers le Capitole et le forum. Près de là, sur le mont Celio, s'élève l'église de Saint-Etienne le-Rond, dont les murs sont couverts de fresques, qui représentent avec une effrayante vérité les différents supplices au milieu desquels expiraient les martyrs. La vue de ces tortures fit éprouver à Ratisbonne un sentiment d'horreur. « Ce spectacle est affreux, s'écria-t-il, « pour prévenir mes réflexions ; mais vos « coreligionnaires ont été tout aussi « cruels envers les pauvres juifs du « moyen âge, que les persécuteurs des « premiers siècles à l'égard des chré- « tiens. »

Je lui montrai à Saint-Jean-de-Latran les bas-reliefs placés au-dessus des statues des douze Apôtres. Ils représentent d'un côté les figures de l'ancien testament, de l'autre leur accomplissement par le Messie. Ces rapprochements lui paraissaient ingénieux.

Nous nous acheminions vers la villa Wolkonski. Ratisbonne s'étonnait de ma tranquillité; il ne pouvait l'expliquer avec cet ardent désir de le convertir, lui qui, disait-il, était plus juif que jamais. Je lui répondis que plein de confiance dans les promesses de Dieu, j'étais convaincu, puisqu'il était de bonne foi, qu'il serait un jour catholique, quand bien même le Seigneur devrait lui envoyer un ange pour l'éclairer.

Nous passions dans ce moment devant la *Scala santa*, et désignant mon compagnon, je dis tout haut en ôtant mon chapeau : « Salut, saint escalier, « voici un homme qui un jour vous mon- « tera à genoux. » Ratisbonne se prit à rire aux éclats. Nous nous séparâmes, sans que je pusse emporter la plus faible espérance d'avoir le moins du monde ébranlé ses convictions. Mais je croyais à celui qui a dit : Frappez, et on vous ouvrira. J'allais prier près du bien-aimé défunt ; agenouillé près de son cercueil, je le conjurai de m'aider à convertir mon jeune ami, si, comme je l'espérais, il était déjà lui-même au séjour des bienheureux.

Jeudi, 20 janvier.

Ratisbonne n'a point fait un seul pas vers la vérité ; sa volonté est restée la même, son esprit toujours railleur, ses pensées toujours aux choses de la terre. Il entre vers midi au café de la place d'Espagne pour y lire les journaux. Il y trouve mon beau-frère Edmond Humann ; s'entretient avec lui des nouvelles du jour, avec un abandon et une légèreté qui excluent l'idée de toute préoccupation grave (1).

(1) Il semble que la Providence se soit plu à tout disposer, pour exclure la possibilité du doute, sur la disposition d'esprit où se trouvait M. Ratisbonne, au moment où la

Il est une heure. Je dois prendre quelques arrangements à l'église de Saint-André *delle fratte*, pour la funèbre cérémonie du lendemain. — Mais voici Ratisbonne qui descend la *via Condotti*; il viendra avec moi, m'attendra quelques minutes, et nous poursuivrons notre promenade. Nous entrons à l'église. Ratisbonne apercevant les préparatifs du service, me demande pour qui ils sont destinés. — Pour un ami que je viens de perdre, monsieur de Laferronnays, que j'aimais extrêmement. Alors il se met à se promener dans la nef; son regard froid et indifférent semble dire : « Cette « église est bien laide. » Je le laisse du côté de l'épître, à droite d'une petite enceinte, disposée pour recevoir le cer-

grâce la plus inattendue allait le jeter dans une voie nouvelle. Vers midi et demi, en sortant du café, il rencontre M. le baron A. de Lotzbeck, son ami de pension : il s'entretient gaiement avec lui des choses les plus futiles; il cause de bal, de plaisirs et de la fête qu'a donnée le prince T..... Assurément, si quelqu'un lui eût dit dans ce moment : *Avant deux heures vous serez catholique*, il l'aurait cru fou.

cueil, et j'entre dans l'intérieur du couvent.

Je n'ai que quelques mots à dire à l'un des moines : je voudrais faire préparer une tribune pour la famille du défunt; mon absence dure à peine dix ou douze minutes.

En rentrant dans l'église, je n'aperçois pas d'abord Ratisbonne; puis je le découvre bientôt agenouillé devant la chapelle de l'ange saint Michel. Je m'approche de lui, je le pousse trois ou quatre fois, avant qu'il s'aperçoive de ma présence. Enfin il tourne vers moi un visage baigné de larmes, joint les mains, et me dit avec une expression impossible à rendre : « Oh ! comme ce Monsieur a prié pour moi ! »

J'étais moi-même stupéfait d'étonnement; je sentais ce qu'on éprouve en présence d'un miracle. Je relève Ratisbonne; je le guide, je le porte, pour ainsi dire, hors de l'église, je lui demande ce qu'il a, où il veut aller : — Conduisez-moi où vous voudrez, s'écrie-t-il : « Après ce « que j'ai vu, j'obéis. » Je le presse de s'expliquer; il ne le peut pas; son émotion est trop forte. Il tire de son sein la médaille miraculeuse, qu'il couvre de baisers et de larmes. Je le ramène chez lui, et malgré mes instances, je ne puis obtenir de lui que des exclamations entre-coupées de sanglots : — Ah que je suis heureux! que Dieu est bon! quelle plénitude de grâces et de bonheur! Que ceux qui ne savent pas, sont à plaindre. — Puis il fond en larmes, en pensant aux hérétiques et aux mécréants. Enfin il me demande s'il n'est pas fou... Mais non, s'écrie-t-il, je suis dans mon bon sens; mon Dieu, mon Dieu! je ne suis pas fou! tout le monde sait bien que je ne suis pas fou.

Lorsque cette délirante émotion commence à se calmer, Ratisbonne, avec un visage radieux, je dirais presque transfiguré, me serre dans ses bras, m'embrasse, me demande de le mener chez un confesseur, veut savoir quand il pourra recevoir le baptême, sans lequel il ne saurait plus vivre, soupire après le bonheur des martyrs, dont il a vu les tourments sur les murs de Saint-Étienne-le-Rond. Il me déclare qu'il ne s'expliquera, qu'après en avoir obtenu la permission d'un prêtre ; « Car ce que j'ai à dire, « ajoute-t-il, je ne puis le dire qu'à ge-« noux. »

Je le conduis aussitôt au Jésus, près du père de Villefort, qui l'engage à s'expliquer. Alors Ratisbonne tire sa médaille, l'embrasse, nous la montre et s'écrie : JE L'AI VUE, JE L'AI VUE ! ! ! et son émotion le domine encore. Mais bientôt plus calme, il peut s'exprimer ; voici ses propres paroles :

J'étais depuis un instant dans l'église, lorsque tout d'un coup je me suis senti saisi d'un trouble inexprimable. J'ai levé les yeux ; tout l'édifice avait disparu à mes regards ; une seule chapelle avait, pour ainsi dire, concentré toute la lumière, et au milieu de ce rayonnement, a paru debout, sur l'autel, grande, brillante, pleine de majesté et de douceur, la Vierge Marie, telle qu'elle est sur ma médaille ; une force irrésistible m'a poussé vers elle. La Vierge m'a fait signe de la main de m'agenouiller, elle a semblé me dire : C'est bien ! Elle ne m'a point parlé, mais j'ai tout compris.

Ce court récit, Ratisbonne nous l'avait fait en s'interrompant souvent, comme pour respirer, et maîtriser l'émotion qui l'oppressait. Nous l'écoutions, nous, avec une sainte frayeur mêlée de joie et de reconnaissance, admirant la profondeur des voies de Dieu et les trésors ineffables de sa miséricorde. Un mot surtout nous avait frappés, par sa mystérieuse profondeur : *Elle ne m'a point parlé; mais j'ai tout compris.* — Désormais, en effet, il suffit d'entendre Ratisbonne; la foi catholique s'exhale de son cœur, comme un parfum précieux du vase qui le renferme, mais ne peut le contenir. Il parle de la présence réelle, comme un homme qui la croit de toutes les forces de son âme, c'est encore trop peu dire; comme un homme qui la SENT.

En quittant le père de Villefort, nous allâmes rendre grâces à Dieu, d'abord à Sainte-Marie-Majeure.... la chère Basilique de la Vierge, puis à Saint-Pierre.

Impossible de rendre les transports de Ratisbonne lorsqu'il se trouva dans ces églises. « Ah! me disait-il, en me pressant « les mains, je comprends maintenant « l'amour des catholiques pour leurs égli- « ses, et la piété qui les porte à les or- « ner, à les embellir!.... Comme on est « bien ici! on voudrait n'en jamais sor-

« tir.... Ce n'est plus la terre, c'est pres-
« que le ciel. »

Auprès de l'autel du très-saint Sacrement, la présence réelle de la divinité l'écrasait à tel point, qu'il allait perdre connaissance, s'il ne se fût éloigné aussitôt; tant il lui paraissait horrible d'être en présence du Dieu vivant, avec la tache originelle. Il alla se réfugier dans la chapelle de la sainte Vierge.

« Ici, me dit-il, je ne puis pas avoir
« peur; je sens que je suis protégé par
« une miséricorde immense. »

Il pria avec la plus grande ferveur, auprès du tombeau des saints Apôtres. L'histoire de la conversion de saint Paul, que je lui racontai, lui fit encore verser d'abondantes larmes.

Il s'étonnait du lien puissant et posthume, pour conserver son expression, qui l'unissait à M. de Laferronnays; il voulait passer la nuit auprès de son cercueil. La reconnaissance, disait-il, lui en faisait un devoir. Mais le père de Villefort, le voyant fatigué, combattit prudemment ce pieux désir, et lui conseilla de ne pas veiller plus tard que dix heures.

Ratisbonne nous avoua alors que la nuit précédente, il n'avait pu dormir ; qu'il avait eu constamment devant lui une grande croix, d'une forme particulière et sans Christ. « J'ai fait, dit-il, « d'incroyables efforts pour chasser cette « image, sans jamais pouvoir y parvenir. » Quelques heures après, voyant par hasard le revers de la médaille miraculeuse, il a reconnu sa croix !

Cependant, j'éprouvais la plus vive impatience de revoir la famille Laferronnays. J'avais de si douces consolations à leur porter, dans le moment même où l'on allait enlever à leur douleur les restes vénérés de celui qu'ils pleuraient. J'entre dans la chambre mortuaire, dans un état d'agitation, j'ai presque dit de joie, qui fixe soudain l'attention de tous, et fait comprendre que j'ai quelque chose de bien important à dire. Tous me suivent dans la chambre voisine, et je raconte à la hâte ce qui vient de se passer.

C'étaient des nouvelles du ciel que je leur apportais. Les larmes de la douleur se changent un moment en larmes de reconnaissance. Ces pauvres cœurs affligés peuvent maintenant supporter avec toute la résignation des vrais chrétiens, le plus cruel des sacrifices, le dernier de ceux que la mort impose, le dernier adieu à la dépouille de celui qu'on a aimé...

Mais j'étais pressé de retrouver le fils que le ciel venait de me donner; il m'avait prié de ne pas le laisser seul; il lui fallait un ami pour épancher dans son cœur les profondes émotions de cette journée.

Je lui demandai de nouveaux détails sur la vision miraculeuse. Il ne pouvait expliquer lui-même comment il était passé du côté droit de l'église à la chapelle qui est à gauche, et dont il était séparé par les préparatifs du service funèbre. Il s'était tout-à-coup trouvé à genoux et prosterné auprès de cette chapelle. Au premier moment, il avait pu apercevoir la Reine du ciel, dans toute la splendeur de sa beauté sans tache; mais ses regards n'avaient pu soutenir l'éclat de cette lumière divine. Trois fois il avait essayé de contempler encore la Mère des miséricordes; trois fois ses inutiles efforts ne lui avaient permis de lever les yeux, que jusqu'à ces mains bénites, d'où s'échappaient, en gerbes lumineuses, un torrent de grâces.

« O mon Dieu! s'écriait-il, moi qui une « demi-heure auparavant blasphémais en« core! moi qui éprouvais une haine si « violente contre la religion catholique!.. « Mais tous ceux qui me connaissent sa« vent bien qu'humainement j'avais les « plus fortes raisons pour rester juif. Ma « famille est juive, ma fiancée est juive, « mon oncle est juif... En me faisant ca« tholique, je romps avec tous les inté« rêts et toutes les espérances de la terre, « et pourtant je ne suis pas fou, on le

« sait bien que je ne suis pas fou, que « je ne l'ai jamais été! on doit donc me « croire. »

Vendredi, 21 janvier.

La nouvelle de cet éclatant prodige commençait à circuler dans Rome. On courait de l'un à l'autre; on s'interrogeait, on racontait, on consignait les détails incomplets que l'on avait obtenus. On avait beau se tenir en garde, pour ne rien accepter légèrement; le doute devenait bientôt impossible en présence de faits si évidents, si incontestables. On rendait grâces à Dieu de se trouver à Rome dans un moment où il avait plu à son inépuisable bonté de ranimer notre confiance pour la Vierge immaculée, en manifestant d'une manière si admirable la puissance de son intercession. Chacun voulait voir et entretenir ce jeune homme trois fois heureux, pour qui la Mère de la grâce divine était descendue du ciel.

J'étais avec Ratisbonne chez le père de Villefort, lorsque le général Chlapouski pénétra jusqu'à nous. « Monsieur, vous avez donc vu l'image de la sainte Vierge? et dites-moi comment....... — L'image! monsieur, interrompit Ratisbonne, l'image! mais je l'ai vue elle-même, en réalité, en personne, comme je vous vois là....

Je ne puis m'empêcher de l'observer ici : si quelque illusion eût été possible, avec les circonstances de caractère, d'éducation, de préjugés, d'intérêt de cœur et de position que j'ai racontées, elle n'aurait pu du moins être produite par aucune représentation extérieure ; car il n'y a dans la chapelle où s'est opéré le miracle, ni statue, ni tableau, ni image quelconque représentant la Vierge.

Je voulus reconduire Ratisbonne dans le sein de la famille Laferronnays. L'événement le plus important de sa vie était tellement uni avec le malheur qui les accablait tous, que c'était un devoir pour lui d'adoucir l'amertume de leurs larmes, en leur redisant lui-même par quel lien d'éternelle reconnaissance le ciel avait voulu l'enchaîner à l'âme du juste. Mais il était trop ému pour parler avec quelque suite; il serrait avec une agitation impossible à rendre ces mains qu'on lui tendait comme à un frère, à un enfant chéri. « Oh! croyez-moi, croyez à mes paroles, répétait-il quand on le pressait de questions... C'est aux prières de monsieur de Laferronnays que je dois ma conversion. »

C'est chez moi que le nouveau converti passa le peu de jours qui s'écoulèrent jusqu'à la retraite, par laquelle il devait se préparer au baptême. Il me communiquait quelques passages des lettres qu'il écrivait à sa fiancée, à son oncle, à tous les membres de sa famille, afin que je pusse pénétrer jusqu'au fond de son âme. Dans nos causeries intimes, il revenait sans cesse sur les preuves évidentes, qui devaient convaincre les plus incrédules, de la miraculeuse intervention du ciel dans sa conversion, et de sa propre sincérité.

« Les motifs les plus graves, disait-il, « les intérêts les plus puissants sur le cœur « de l'homme, m'enchaînaient à ma re- « ligion. On doit donc croire un homme « qui sacrifie tout à une conviction qui « ne peut venir que du ciel... Si tout ce « que j'ai affirmé n'est pas rigoureuse- « ment vrai, je commets l'acte le plus « coupable, le plus insensé.

« En débutant dans la religion que « j'embrasse par un mensonge sacri- « lége... non-seulement je risque ma po- « sition dans cette vie, mais je perds « mon âme, et j'assume sur ma tête « l'effrayante responsabilité de toutes « celles qu'entraînerait mon exemple... Où « est donc mon intérêt?... Hélas! quand « mon frère s'est converti au catholi- « cisme et s'est fait prêtre, j'ai été de

« toute la famille celui qui l'a persécuté « avec le plus d'acharnement. Nous « étions brouillés ; moi du moins je le « détestais, car lui il m'avait pardonné. « A l'époque de mes fiançailles, je me « dis qu'il fallait me réconcilier avec mon « frère ; je lui écrivis quelques lignes « bien froides, et il me répondit par « une lettre pleine de tendresse et de « charité...

« L'un de mes jeunes neveux mourut « il y a dix-huit mois. Mon frère l'abbé « voulut le baptiser ; quand je le sus, je « fus comme un furieux.

« ... J'espère que Dieu m'enverra de « cruelles épreuves, afin de lui rendre « gloire, et de prouver au monde que je « suis de bonne foi. »

Oui, il est de bonne foi l'homme qui, à l'âge de vingt-huit ans, sacrifie toutes les joies de son cœur, toutes les espérances de sa vie, pour obéir à sa conscience. Car il a apprécié toutes les conséquences de sa résolution ; car il sait déjà que le christianisme, c'est le culte de la croix; on lui a dit et répété toutes les épreuves qui l'attendent, tous les devoirs qu'impose la religion nouvelle dans laquelle il brûle d'entrer.

Dès le premier moment où il a demandé le baptême, on l'a conduit auprès du vénérable Père qui dirige une Société bien chère à tous les amis de Dieu. Celui-ci, après l'avoir écouté avec une douce bonté, mais en même temps avec une grande gravité, lui a fait considérer attentivement les sacrifices qu'il aurait à faire, les graves obligations qu'il aurait à remplir, les combats particuliers qui l'attendaient, les tentations, les épreuves de toute nature auxquelles une résolution semblable allait l'exposer; et lui montrant un crucifix qui était sur sa table :

« Cette croix, lui dit-il, que vous avez « vue pendant votre sommeil, quand une « fois vous serez baptisé, non-seulement « il faudra l'adorer, mais la porter; puis

« ouvrant le livre des saintes Ecritures,
« il chercha le 2e chapitre de l'Ecclésias-
« tique, et lut à M. Ratisbonne ces pa-
« roles :

— « Mon fils, lorsque vous vous en-
« gagez au service de Dieu, préparez
« votre âme à la tentation et à l'épreuve,
« et demeurez ferme dans la justice et
« dans la crainte du Seigneur; tenez
« votre âme humiliée, et attendez dans
« la patience; prêtez l'oreille aux paro-
« les de la sagesse, et ne perdez point
« courage au moment de l'épreuve; souf-
« frez avec patience l'attente et les re-
« tards de Dieu. Demeurez uni à Dieu,
« et ne vous lassez pas d'attendre, ac-
« ceptez de bon cœur tout ce qui vous
« arrivera, demeurez en paix dans votre
« douleur, et au temps de votre humi-
« liation conservez la patience, car l'or
« et l'argent s'épurent par le feu, mais
« les hommes que Dieu veut recevoir au
« nombre des siens, il les éprouve dans
« le creuset des humiliations et de la

« douleur. Ayez donc confiance en Dieu, « et il vous tirera de tous vos maux ; es« pérez en lui, conservez sa crainte, et « vieillisez dans son amour. »

La lecture de ces divines paroles fit sur Ratisbonne une profonde impression. Loin de le décourager, elles affermirent sa résolution, en le faisant entrer dès lors dans les sentiments du christianisme le plus sérieux et le plus fort. Il les écouta néanmoins en silence; mais à la fin de la retraite qui précéda son baptême, la veille de cette grande journée, il alla, le soir, trouver le saint prêtre qui lui avait lu ces paroles huit jours auparavant, et lui en demanda une copie, en disant, qu'il voulait les conserver, et les méditer tous les jours de sa vie.

Tels sont les faits que je livre à la méditation de tous les hommes sérieux. Je les ai exposés sans art, dans toute leur simplicité, dans toute leur vérité, pour l'édification de ceux qui croient, pour l'enseignement de ceux qui cherchent encore le lieu de leur repos ; heureux, si, après avoir erré trop longtemps moi-même dans les ténèbres et les contradictions des sectes protestantes, je pouvais, par ce simple récit, inspirer à quelque frère égaré la volonté de s'écrier, comme l'aveugle de l'Évangile : *Seigneur, faites que je voie ;* car celui qui prie ouvre bientôt les yeux au soleil de la vérité catholique.

CÉRÉMONIE DU LUNDI 31 JANVIER.

UN FRÈRE DE PLUS.

Les personnes pieuses qui se trouvaient réunies aujourd'hui dans l'église du Jésus, conserveront longtemps le souvenir de la solennité qui a couronné, de la manière la plus éclatante, l'événement extraordinaire dont la ville entière est encore tout émue, et constaté aux yeux de tous un de ces miracles de la grâce, dont la miséricorde infinie se sert pour ranimer la foi des tièdes, et attirer dans une voie meilleure ceux qui marchaient encore dans les ténèbres.

M. Ratisbonne a fait, entre les mains du cardinal vicaire, profession de la foi catholique ; il a reçu le baptême, la confirmation, il a fait sa première communion !

Longtemps avant l'heure fixée, l'église du Jésus, désignée par le cardinal vicaire pour cette cérémonie, était remplie d'une foule pieuse, avide de contempler ce jeune Israélite, que la Vierge immaculée avait conduit de sa main pleine de grâces jusqu'au pied de la croix. Il y avait bien là aussi quelques brebis égarées, quelques-uns de ces curieux qui veulent tout voir; mais une piété communicative dominait toute l'assemblée ; et le sentiment religieux qui s'était emparé de tous était trop profond, pour que les cœurs ne fussent pas, un moment du moins, réunis par le pieux intérêt qu'inspirait le néophyte.

De sages précautions avaient été prises

pour assurer l'ordre qui devait contribuer à l'édification commune. Tout l'espace qui s'étend entre l'autel de Saint-Ignace et celui de Saint-François-Xavier était disposé de manière à ce que les nombreux assistants pussent facilement se placer ; et quoiqu'il n'y eût point de sièges réservés, l'empressement des curieux avait été cette fois devancé par le zèle des âmes ferventes, qui protégeaient, pour ainsi dire, l'autel de leur pieux recueillement et de leurs saintes prières.

Vers huit heures et demie, M. Ratisbonne, vêtu de la blanche tunique des catéchumènes, a été amené par le révérend père de Villefort, qui l'avait préparé, et M. le baron Théodore de Bussières, son parrain, à la chapelle de Saint-André, située près de la grande porte de l'église. Objet de la curiosité de tous pendant plus d'une demi-heure d'attente, il supportait avec une résignation angélique les regards indiscrets, se soumettant humblement à une épreuve bien méritoire, dans un moment où toutes les pensées, tous les sentiments d'une vie nouvelle se pressaient en foule au fond de son cœur. Par moment il serrait avec ferveur le chapelet qu'il tenait à la main; il regardait la médaille qui y était attachée, comme pour puiser, dans le souvenir et la protection de celle qui l'avait sauvé, de la force pour toutes les fatigues, du courage pour toutes les épreuves.

A neuf heures, Son Eminence le cardinal Patrice, vicaire de Sa Sainteté, après s'être revêtu à l'autel de Saint-Ignace de ses habits pontificaux, a commencé les prières prescrites par le Rituel pour le baptême des adultes. Ce sont d'abord des psaumes de David, dans lesquels une foule de passages semblaient écrits tout exprès, et pour exprimer les sentiments du catéchumène, et pour raconter par quelle voie le Seigneur l'avait appelé à la lumière. Car telle est l'admirable profondeur des Écritures, que chacun y trouve l'expression qui lui manque pour rendre les besoins de son âme, et je dirais presque, toutes les circonstances de sa vie intérieure.

Qui aurait pu, en effet, mieux raconter et ce désenchantement du monde, et ces troubles du cœur, qui poursuivaient le jeune Israélite au milieu des plaisirs d'une position brillante, et contre lesquels il allait chercher des distractions sous un ciel nouveau. O mon âme, pourquoi es-tu triste et pourquoi me troubles-tu? *Quare tristis es?* Pauvre âme souffrante, c'est en vain que tu changes d'horizon; tu te nourriras nuit et jour de tes larmes; *fuerunt mihi lacrymæ meæ panes die ac nocte*, parce qu'il n'y a point de repos pour l'exilé, parce qu'on peut te dire chaque jour : où est ton Dieu? *ubi est Deus tuus?* Mais espère au Seigneur; car bientôt tu confesseras son nom, et tu trouveras le repos du cœur, le baume qui guérit toutes les blessures. *Spera in Deo, quoniam adhuc confitebor illi, salutare vultûs mei.* Voilà qu'au jour marqué il t'envoie la Mère des miséricordes; *in die mandavit Dominus misericordiam suam.* Espère au Seigneur; ne crains plus maintenant d'approcher du tabernacle admirable où se cache le Saint des Saints; *transibo in locum tabernaculi admirabilis, usque ad domum Dei;* lui seul peut étancher cette soif qui te dévore. Désormais tu as compris toute l'horreur du péché et de la souillure originelle; *quando veniam,* quand pourrai-je entrer dans l'arche sainte, hors de laquelle il n'y a point de salut? quand pourrai-je me prosterner devant la face de mon Dieu? *et apparebo ante faciem Dei.* Comme le cerf altéré soupire après les sources d'eaux vives, ainsi mon âme a soif de l'eau sainte du baptême, ainsi mon cœur a soif du Dieu qui est la source de la force et de la vie.

Ces prières terminées, S. E. le cardinal vicaire, précédé du clergé, s'est dirigé processionnellement vers le fond de l'église. Alors le révérend père de Villefort et M. le baron de Bussières ont amené devant lui le jeune Israélite. « Que demandez-vous à l'église de Dieu? — La foi. » Ah! il l'avait déjà cette foi sainte et catholique; l'étoile du matin s'était levée pour lui, et l'avait illuminé de ses rayons divins! Aussi, lorsqu'on lui enjoint de *détester avec horreur la perfidie des Juifs*, *de repousser avec mépris la superstition des Hébreux* (1), il n'hésite pas un instant, et la modeste fermeté de ses réponses prouve qu'il n'est pas indigne de la grâce que l'Église lui fait, en abrégeant pour lui les épreuves imposées aux catéchumènes.

Déjà le pontife a soufflé trois fois sur son visage pour mettre en fuite l'esprit malin; il l'a marqué du signe du chrétien, du signe révéré de la croix, sur le front, sur les yeux, sur les oreilles, sur la poitrine et sur les épaules, afin d'enseigner au nouveau chrétien qu'il doit consacrer au Christ sa pensée et son cœur,

(1) Expressions du Rituel.

qu'il doit porter avec amour le joug de la croix. Enfin, il lui a fait goûter le sel de la sagesse, et il a récité sur lui les prières de l'exorcisme. Le jeune néophyte est prosterné sur le parvis du temple; une dernière marque de soumission, une épreuve inattendue lui est demandée : « Baisez la terre, lui dit-on; » et aussitôt sans trouble, comme sans hésitation, il baise la terre! prouvant à cette foule qui le contemple, qu'il est vraiment chrétien, puisque son jeune cœur a déjà deviné que l'humilité est la seule porte qui conduise à la vérité et au salut. Admirable, éloquente leçon pour nous tous, qui oublions trop souvent que Jésus notre maître était doux et humble de cœur.

Aussi, dès ce moment plus de doutes; l'esprit du Christ est avec le néophyte, puisqu'il est humble et soumis. L'Église n'hésite plus; elle le regarde, elle le traite comme son enfant chéri. Elle oublie et sa vie passée et ses blasphèmes d'hier; elle ne voit plus en lui que le pupille privilégié de Marie. Le pontife lui fait prendre en main le bord de son étole, en signe d'adoption, et pour lui enseigner que, dans la famille catholique, les enfants ne marchent qu'appuyés humblement sur leurs pères; c'est ainsi qu'il ramène, comme en triomphe, à l'autel de Saint-Ignace, cette brebis chérie, qu'il vient d'arracher à Satan.

Comment vous dire tous les sentiments divers qui agitaient l'assemblée à la vue de ce jeune homme? Son visage remarquable par un heureux mélange de fermeté et de douceur, sa longue barbe, sa démarche, son costume, tout en lui reportait la pensée au temps de la primitive église. On eût dit un de ces chrétiens des catacombes qui espéraient le martyre!

De bonnes femmes romaines, qui m'étouffaient pour mieux le voir, exprimaient bien, dans leur naïf langage, la charité toute fraternelle qui nous animait tous: *Ah quanto sei caro!* s'écriaient-elles, *ah beato lui!* et elles baisaient leur chapelet, comme pour remercier de cette belle fête la Madone, cause de notre joie. Puis elles se montraient l'une à l'autre, avec une curiosité pleine d'affection, celui dont la Providence s'était servi pour préparer ses voies; elles se disaient : C'est un Français; c'est lui qui a donné la médaille à l'Israélite, qui lui a demandé de prier la bienheureuse Vierge. *Ma che buon Signore! che Dio lo benedica!* Et nous aussi nous répétions du fond du cœur : Que Dieu le bénisse, lui et tous les siens !

Cependant, devant le pontife du Seigneur, qui se tient debout près de l'autel, le catéchumène s'est agenouillé pour recevoir l'eau sainte du baptême. On lui demande son nom. « Marie, » répond-il, avec un élan de reconnaissance et d'amour; Marie! le nom trois fois béni de la Reine des patriarches, qui lui a ouvert les portes de l'Église et qui lui ouvrira celles du ciel.

— Que demandez-vous ?

— Le baptême.

— Renoncez-vous à Satan ?

— J'y renonce.

— Et à toutes ses pompes ?

— J'y renonce.

— Et à toutes ses œuvres ?

— J'y renonce, répond pour la troisième fois celui dont Dieu a illuminé les ténèbres.

— Croyez-vous en Dieu le Père tout-puissant, créateur du ciel et de la terre ?

— J'y crois.

— Croyez-vous en Jésus-Christ son fils unique, notre Seigneur, qui est né et qui a souffert ?

— J'y crois.

— Croyez-vous au Saint-Esprit, à la sainte Église catholique, à la communion des Saints, à la rémission des péchés, à la résurrection de la chair, et à la vie éternelle ?

— J'y crois.

Le ton, l'accent, la conviction intime

avec laquelle l'enfant de Marie prononce cette profession de foi catholique, produisent sur tous ceux qui ont le bonheur de l'entendre une impression qui vibre encore aujourd'hui au fond de leurs cœurs.

— Que demandez-vous?

— Le baptême.

— Vous voulez être baptisé?

— Je le veux.

Enfin, l'eau sainte dont la source rejaillit jusqu'à la vie éternelle, a coulé sur ce front humblement abaissé; Marie Ratisbonne se relève chrétien; chrétien pur et fervent comme les anges qui sont devant le Seigneur.

Il tient à la main le cierge béni, dont la flamme est l'image de cette lumière de la foi soumise, qui n'égare jamais. L'imposition des mains et l'onction du saint chrême lui donnent une grâce nouvelle, en confirmant la plénitude de celle qu'il a déjà reçue. Désormais Ratisbonne est disciple de la croix, il est prêt à confesser hautement la foi du Christ qui s'est immolé pour nous.

C'est alors que M. l'abbé Dupanloup a bien voulu adresser à l'assemblée quelques-unes de ces paroles, que son cœur sait toujours trouver, quand il s'agit de louer Marie, et de célébrer la bonté du Seigneur. Nous reproduisons ici des fragments, hélas! bien incomplets et bien affaiblis, de cette fervente improvisation. L'orateur sacré a manifesté, à la face de Rome entière, sa foi pleine et absolue à la miraculeuse intervention de Marie, dans la conversion subite dont il rendait grâces à Dieu; mais en évitant, comme un fils soumis, toute expression qui aurait semblé prévenir la décision régulière de la seule autorité compétente, en matière de miracle.

« La divine Providence est admirable dans ses pensées et dans ses voies, et je plains ceux qui ne savent ni la comprendre ni la bénir. Pour eux la vie de l'homme n'est qu'un douloureux mystère, ses jours un enchaînement fatal, l'homme lui-même une noble, mais toutefois maudite créature, jetée loin du ciel sur cette terre de larmes, pour y vivre dans les ténèbres, y mourir dans le désespoir, profondément oublié d'un Dieu qui ne s'inquiète ni de ses vertus, ni de ses douleurs.... Mais non, ô Dieu, vous n'êtes pas ainsi, et vous ne nous avez pas fait de la sorte : malgré notre profonde et infinie misère, nous ne sommes pas si misérables ; votre providence veille sur nous ; elle est plus élevée que les cieux, plus profonde et plus étendue que les vastes mers ; c'est un abîme de puissance, de sagesse et d'amour. . . .

. . . .

. . . .

« Vous nous avez faits pour vous, Seigneur, et notre cœur est perpétuellement inquiet, jusqu'à ce qu'il se repose en vous ! Nous avons de vous un besoin intime, immense, qui nous remue profondément.... qui nous dévore.... et quand nous cédons à ce besoin sublime, nous vous trouvons infailliblement.

. . . .

« Je vous bénis surtout, je vous adore, quand, des profondeurs de votre éternité, vous vous souvenez avec compassion de la boue dont nous sommes pétris ; quand, du haut des cieux, vous fixez un regard de pitié et d'amour sur le plus humble des enfants de votre puissance ; quand, selon l'expression de votre prophète, vous remuez le ciel et la terre, et multipliez les prodiges, pour sauver ceux qui vous sont chers... pour conquérir une seule âme. . . . .

« O vous, sur qui tous les regards se reposent ici, en ce moment, avec un attendrissement inexprimable, avec le plus tendre amour ; car c'est Dieu, c'est sa miséricorde que nous aimons en vous ; vous dont la présence en ce saint lieu m'inspire ces pensées ; racontez-nous vous-même quelles étaient vos pensées et vos voies.... par quelle secrète miséricorde le Seigneur vous a poursuivi.... ramené....

« Car enfin qui êtes-vous ? que demandez-vous à ce sanctuaire ? quel est ce regard et ces hommages que vous semblez y apporter ? quelle est cette robe blanche dont je vous vois revêtu ? Dites-nous d'où vous veniez... où vous alliez ? quelle force a tout à coup changé vos voies?... et comme Abraham, votre aïeul, dont vous êtes aujourd'hui le bienheureux fils, marchant devant vous, comme lui à la voix du Seigneur, sans savoir où tendaient vos pas; les yeux encore fermés, vous vous êtes trouvé tout à coup dans la Cité sainte... L'œuvre du Seigneur n'était pas faite encore : mais c'est à vous à nous dire, comment le soleil de la vérité et de la justice s'est levé dans votre âme; quelle fut sa brillante aurore... pourquoi vous goûtez comme nous, mieux que nous peut-être, la bonne parole... les vertus du siècle futur et toutes nos bienheureuses espérances... Dites-nous, nous avons le droit de le savoir, pourquoi vous entrez dans nos biens comme dans votre héritage ? qui vous a introduit parmi nous ? car enfin hier nous ne vous connaissions pas... ou plutôt nous vous connaissions...

« Oh ! ici je dirai tout : car je sais quelle joie je donnerai à votre cœur, en racontant avec vos misères les célestes miséricordes. . . . .

. . . .

« Vous n'aimiez pas la vérité, mais la vérité vous aimait. Aux efforts du zèle le plus ardent et le plus pur, vous ne saviez opposer qu'un sourire dédaigneux, un silence nonchalant, une réponse subtile, des exigences hautaines, et quelquefois des plaisanteries blasphématoires. O Dieu patient! ô Dieu qui nous aimez malgré nos misères ! votre miséricorde a quelquefois une profondeur, une sublimité, une tendresse, et, laissez-moi le dire, une puissance et des délicatesses infinies.

« Tout à coup un bruit se répand dans la sainte Cité, tous les cœurs chrétiens en sont consolés : celui qui blasphémait hier, qui, ce matin encore, se moquait des amis de Dieu, le voilà qui évangélise ; la grâce est répandue d'en haut sur ses lèvres ; il ne sort plus de sa bouche que bénédiction et douceur; les plus vives lumières de la loi évangélique semblent briller à ses yeux ; on dirait que l'onction céleste lui a enseigné toutes choses. D'où lui sont venus ces yeux illuminés du cœur, ce cœur éclairé d'en haut, qui voit tout, *qui a tout compris ?* Dieu, vous êtes bon, infiniment bon, et j'aime à redire cette douce parole que nous recueillions naguère sur les lèvres bénites de celui dont le souvenir est désormais ineffaçable dans nos cœurs : nous le pleurions, il y a quelques jours; aujourd'hui nous le regrettons encore; mais nous ne le pleurons plus. « *Oui,* « *vous êtes bon, et les enfants des hommes* « *ont bien fait de vous appeler le bon* « *Dieu* (1). » Vous ébranlez les lois de la nature; rien ne vous coûte pour sauver vos enfants. Quand vous ne venez pas vous-même, vous envoyez vos anges.... Que dis-je ! vous envoyez vos anges !... ô Dieu ! dirai-je tout ici? Je dois com-

(1) Dernières paroles de M. le comte de Laferronnays.

mander la réserve à ma bouche, mais quelle est celle-ci? *quæ est ista ?* Je ne puis le dire, et cependant je ne puis le taire.

« Marie, je vous salue! vous êtes pleine « de grâce, *Ave gratiâ plena ;* » et de la plénitude de votre cœur maternel, vous aimez à la répandre sur nous. Le Seigneur est avec vous, *Dominus tecum ;* et c'est par vous qu'il se plaît à descendre jusqu'à nous! Et maintenant il me faudrait prendre des images dans les cieux, ou parler ce langage enflammé des prophètes pour vous louer dignement! Car, ô Marie, votre nom est plus doux que la joie la plus pure, plus suave que les parfums les plus exquis, plus délicieux que l'harmonie des anges, *in corde jubilus ;* plus doux au cœur fidèle que le rayon de miel aux lèvres du voyageur fatigué, *mel in linguâ ;* plus secourable et plus doux au cœur coupable, mais repentant, que la rosée du soir aux feuilles desséchées par le soleil du midi, *ros in herbâ.* Vous êtes belle comme l'astre des nuits, *pulchra ut luna ;*

et c'est vous qui ramenez les pas du voyageur égaré; vous êtes éclatante comme l'aurore, *aurora consurgens*; douce et pure comme l'étoile du matin, *stella matutina*; et c'est vous qui précédez dans les cœurs le lever du soleil de justice.

« Marie, je ne puis suffire à raconter vos amabilités et vos grandeurs, et c'est ma joie de succomber sous tant de gloire! Mais puisque je parle dans l'assemblée de vos enfants, qui sont mes frères, je continuerai sans crainte à dire, à votre louange, toutes les pensées de mon cœur.

« A votre nom, ô Marie! le ciel se réjouit, la terre tressaille d'allégresse, l'enfer frémit d'un impuissant courroux. Non! il n'y a pas de créature si sublime ou si humble qui puisse vous invoquer et périr. Les augustes basiliques élevées par la piété des grandes nations, les chiffres d'or, les riches bannières travaillées par des mains royales, comme les modestes présents du nautonnier déposés à votre pauvre chapelle, dans le creux du rocher, sur le rivage des mers, ou bien votre humble image que j'ai vu tracée par la main des martyrs au fond des catacombes, tout atteste votre puissance pour apaiser les orages et faire descendre ici-bas la divine miséricorde. Marie, j'ai vu les lieux les plus sauvages de la nature sourire à votre nom et se parer de grâce; les pieux habitants de la solitude célébraient votre gloire; l'écho de la montagne, les flots du torrent répétaient à l'envi vos louanges : j'ai vu dans les grandes cités mondaines fleurir à l'ombre de votre nom, les plus pures et les plus nobles vertus; j'ai vu la jeunesse, avec cet élan généreux, avec cette ardeur confiante, avec ce charme inexprimable dont la vertu embellit le front de la jeunesse, je l'ai vue préférer votre nom et le bonheur de célébrer vos fêtes à de brillantes destinées, à tous les enchantements du monde peut-être!

« J'ai vu des vieillards, après soixante,

quatre-vingts années d'une vie sans foi, sans vertu, se soulever sur la couche de leurs douleurs, se souvenir, à votre nom, du Dieu qui avait béni leur première enfance, et vous apparaissiez à leurs derniers regards comme un signe de sécurité et de paix pour la vie éternelle!..... O Marie, qui êtes-vous donc? *Quæ est ista?* Vous êtes la mère de notre Sauveur, et Jésus, le fruit de vos entrailles, est le Dieu béni aux siècles des siècles; vous êtes notre sœur, *soror nostra es;* comme nous, fille d'Adam, vous n'avez point partagé notre funeste héritage, et nos malheurs vous inspirent pour nous la commisération la plus profonde et la plus tendre.

« O Marie! vous êtes le chef-d'œuvre de la puissance divine! vous êtes l'invention la plus touchante de sa bonté! Je ne saurais mieux dire: vous êtes le plus doux sourire de sa miséricorde! O Dieu! donnez des yeux à ceux qui n'en ont point, pour voir Marie, et comprendre la douce lumière de ce regard maternel; donnez un cœur à ceux qui en manquent pour aimer Marie; et de Marie au Verbe éternel, à la beauté toujours ancienne et toujours nouvelle, à cette lumière incréée qui guérit les yeux malades, et apaise tout désir dans nos âmes, de Marie à Jésus, de la Mère au Fils il n'y a qu'un pas....

« Notre frère bien-aimé, et je suis heureux de vous donner le premier ce nom, voilà sous quels favorables auspices vous entrez dans cette *Jérusalem nouvelle*, *qui est le tabernacle du Seigneur, dans l'église du Dieu vivant, qui est la colonne et le fondement de la vérité*..... Mais, avant de laisser votre cœur s'ouvrir à tant de joie, il y a une forte leçon que je vous dois en ce jour; et puisque je suis destiné à faire retentir le premier à vos oreilles la parole évangélique, je ne vous en cacherai pas l'enseignement le plus austère. Vous avez tout compris, dites-vous, mais laissez-moi vous le demander, avez-vous compris le mystère de la croix?... prenez garde : c'est le fond du christianisme.

« Je ne vous parle pas seulement de cette croix bénite que vous adorez avec amour, parce qu'elle met sous vos yeux Jésus crucifié pour l'expiation de vos péchés. Empruntant le langage énergique d'un ancien apologiste de notre foi, je vous dirai : Il n'est pas question, en ce moment, de la croix, qu'il vous est doux d'adorer, mais de la croix qu'il vous faudra bientôt subir. *Ecce cruces jam non adorandæ sed subeundæ.* Voilà ce qu'il faut comprendre, si vous êtes chrétien, et ce que votre baptême a dû vous révéler...

« D'ailleurs, j'essaierais vainement de vous le dissimuler, il est difficile que votre avenir ne vous réserve point de croix; je les vois qui se préparent; sans doute il faut les adorer de loin, mais il y aura mieux encore, il faudra les subir de près et les porter avec courage. Je serais bien trompé, si la vertu évangélique ne devait pas croître et se fortifier dans votre cœur par la patience. Que Dieu en soit béni ! vous avez été introduit dans le christianisme par Marie et par la croix ! c'est une admirable entrée ! encore une fois que Dieu en soit béni ! car je le sais, il vous a donné des oreilles pour entendre, et un cœur pour sentir ce langage ! Fils de l'Église catholique, vous partagerez donc la destinée de votre mère ! voyez-la! voyez Rome ! où vous venez de naître à l'Évangile : toujours combattre et toujours triompher, voilà son partage ici-bas ; aussi rien ne l'étonne, et après dix-huit siècles de combats et de victoires. . . . . .

. . . .

. . . .

. . . .

« C'est au centre même de l'unité catholique, c'est au pied de la chaire principale, d'où partent chaque jour encore les rayons de la foi la plus vive et la plus pure, pour percer les ténèbres de la gentilité, de l'hérésie et du judaïsme, que l'Église a répandu sur votre front l'onde bienfaisante de la régénération céleste; que dis-je? c'est Pierre lui-même, le Moïse de la loi nouvelle, dignement représenté par le premier vicaire de son auguste successeur, qui a frappé pour vous le mystérieux rocher, la pierre immobile, *Petra erat Christus*, d'où jaillissent ces eaux qui remontent jusqu'à la vie éternelle. C'est dans les flammes mêmes de l'Esprit-Saint que vous avez été baptisé : *Spiritu sancto et igni.* Toutes les splendeurs des plus magnifiques solennités de la religion rayonnent en ce moment sur vous, et nous-mêmes autour de vous nous en sommes tous illuminés! C'est aujourd'hui votre Pentecôte, et l'Esprit de force et d'amour a rempli votre cœur! c'est aujourd'hui votre Pâque, et Jésus-Christ doit bientôt vous nourrir de sa chair sacrée et de son précieux sang. C'est lui-même que vous recevrez réellement, substantiellement et en vérité; votre foi, votre attendrissement, les larmes qui tombent de vos yeux, préviennent ici toutes mes paroles : ne craignez pas que je vienne en ce moment vous fatiguer par de longs et insipides discours, et vous démontrer une vérité que vous êtes trop heureux de croire. Je ne vous dirai qu'une chose que vous sentez comme moi, c'est que Jésus-Christ est trop notre Dieu et notre ami pour nourrir nos âmes d'une vaine figure et tromper notre amour par une fausse présence : nous avons, d'ailleurs, besoin de lui à ce point, car il nous commande de l'aimer jusqu'à mourir réellement pour lui : la sainte et divine Eucharistie fut toujours la nourriture et la force des martyrs.... Voilà ce que l'antiquité chrétienne a cru. . . . .

. . . .

« Mais c'est assez, je retarde trop votre bonheur. En ce moment le ciel vous contemple avec amour, la terre vous bénit, et Jésus-Christ vous attend : marchez donc, les anges du ciel ont commencé la fête, et les amis de Dieu la continuent avec vous ici-bas! et celui même qui a paru mourir à nos yeux et dont le cœur est vivant dans la main du Seigneur, vous le savez, ses vœux et ses prières ne vous ont pas manqué; le moment solennel est donc venu!

« Abraham, Isaac, Israël, les patriarches et les prophètes vous encouragent du haut des cieux, et Moïse vous bénit, parce que la loi dans votre cœur a rencontré l'Évangile; la miséricorde et la vérité vous soutiennent, la justice et la paix vous entourent, le repentir et l'innocence vous couronnent. Enfin, c'est Marie qui vous reçoit et qui vous protége!

« O Marie! c'est pour nous un besoin et un devoir de la redire une fois encore cette prière à laquelle nous devons peut-être les consolations de cette sainte journée, et il n'y a plus en ce moment dans cette grande assemblée qu'une voix et qu'un cœur pour la redire avec moi :

« Souvenez-vous, ô très-pieuse Vierge Marie, qu'on n'a jamais ouï dire qu'aucun de ceux qui ont eu recours à vous et imploré votre assistance aient été abandonnés; gémissant sous le poids de nos péchés, nous venons, ô Vierge des Vierges, nous jeter entre vos bras; ô mère du Verbe, souvenez-vous des justes, souvenez-vous des pécheurs! souvenez-vous de ceux qui vous connaissent et aussi de ceux qui ne vous connaissent pas; souvenez-vous de nos misères et de votre miséricorde. Je ne vous dirai pas : Souvenez-vous de ce jeune homme; car il est votre enfant et la douce et glorieuse conquête de votre amour; mais je vous dirai : Souvenez-vous de ces têtes si chères pour lesquelles il vous offre en ce jour les premières prières de son cœur catholique; rendez-les-lui dans le temps, rendez-les-lui dans l'éternité. . . . .

. . . .

. . . .

Et puisque je suis étranger, ou plutôt non, il n'y a point d'étranger à Rome : tout catholique est Romain; mais enfin, puisque nous sommes nés tous deux sur la terre de France, je crois répondre aux vœux de tous les cœurs qui m'entendent, en vous disant : Souvenez-vous de la France; il y a là encore de nobles vertus, des âmes généreuses, et d'héroïques dévouements. Faites reluire sur l'Église de France la beauté des anciens jours. »

. . . .

Le très-saint sacrifice de la messe a terminé la cérémonie. En voyant avec quelle ferveur priait le nouveau catholique, avec quel recueillement l'assemblée tout entière s'unissait à ses prières, il était impossible de ne pas se sentir tout pénétré de foi. C'est surtout au moment solennel de la sainte communion, que Notre-Seigneur a dû répandre des grâces bien douces et bien précieuses sur cette pieuse réunion. Notre cher frère Marie Ratisbonne était tellement anéanti par le sentiment intime de la présence divine, qu'il a fallu le soutenir, pour approcher de la table sainte ; et ce n'est qu'avec le secours du père de Villefort et de son parrain qu'il a pu se relever. après avoir reçu le pain des anges. Un torrent de larmes inondait son visage ; il succombait sous le poids de toutes les émotions et des grâces ineffables dont le Seigneur le comblait.

A la vue de ce jeune homme, juif obstiné, il y a quelques jours, et aujourd'hui catholique tout brûlant de foi, tout embrasé de charité, on ne pouvait s'empêcher de murmurer au fond du cœur : Seigneur, vous êtes admirable dans vos œuvres ; et l'on se rappelait involontairement ce mot profond échappé au converti après l'apparition miraculeuse : *J'ai tout compris !*

Un bon nombre de personnes ferventes avaient voulu donner au jeune chrétien une preuve toute particulière de charité fraternelle, en s'approchant à sa suite de la table sainte. Cette pieuse réunion en Notre-Seigneur a été pour tous un sujet de grande édification, et a imprimé un caractère remarquable de piété fervente à toute cette cérémonie.

Dans ce banquet sacré, où les amis privilégiés de Dieu venaient célébrer le miracle toujours nouveau des miséricordes éternelles, tous les cœurs s'unissaient à cette famille éplorée que le Seigneur avait visitée. Le souvenir à jamais cher et vénéré de celui qu'elle pleurait, jetait comme un reflet de la gloire céleste sur toutes les circonstances de cette pieuse solennité. — *Oh! comme ce Monsieur a prié pour moi!* avait dit l'Israélite, au moment où le bandeau était tombé de ses yeux; et lorsqu'il n'avait jamais vu de ce fervent chrétien si aimable que le deuil de sa mort! Seigneur, j'adore la profondeur de vos desseins. Le roi prophète vous demandait autrefois : Est-ce que la poussière du tombeau confessera votre nom, et annoncera votre vérité? Oui, Seigneur, car vous avez entendu la prière du juste, et vous avez voulu jeter à pleines mains les fleurs du ciel sur les douleurs de la terre, afin que nous rendions gloire à votre nom, et que nous ne nous laissions pas abattre. *Ut cantet tibi gloria mea, et non compungar.*

Tout est donc accompli, Ratisbonne est admis à toutes les joies, à toutes les grâces de la vie catholique. Loué soit Dieu, qui nous a donné un frère de plus; le chant du triomphe retentit sous les voûtes du temple ; l'émotion longtemps comprimée au fond de tous les cœurs, peut enfin éclater. Nous vous louons, Seigneur, s'écrie tout ce peuple dans les transports de sa joie ; nous vous bénissons! En ce moment solennel, où toutes les voix s'unissaient dans un même cri de reconnaissance, avec la grave harmonie des orgues sacrées, nous autres catholiques, nous comprenons avec un tressaillement d'allégresse ce que c'était que la Communion des Saints, qui nous donnait dans ce beau jour un avant-goût du bonheur du ciel. Si un seul cœur est resté froid, au milieu de ce concert sublime et de cet enthousiasme universel, que je le plains, il n'était pas catholique!

Après le *Te Deum*, le cardinal a ramené dans l'intérieur de la maison du Jésus le nouvel enfant de l'Église, et on dit, qu'à peine hors du lieu saint, il n'a pu s'empêcher de presser contre son cœur, avec une tendresse toute paternelle, celui qu'il venait d'initier à la vie du ciel.

La joie de M. Ratisbonne était ineffable. Entouré de tous ceux qui avaient pu pénétrer près de lui, de tous ceux qui voulaient le voir, l'entendre, l'embrasser, il recevait les félitations de tous, heureux du fond des entrailles, en songeant qu'il appartenait désormais à la sainte famille catholique.

Un témoin oculaire a raconté que, lorsqu'on le ramena dans la cellule qu'il avait occupée pendant sa retraite, son premier mouvement fut de se précipiter à genoux devant son crucifix, pour remercier le

Sauveur de toutes les grâces dont il était inondé.

Quant à ceux qui avaient eu le bonheur de prendre part à cette belle fête, ils remportaient au fond de leur cœur un enseignement bien consolant : c'est que lorsqu'on cherche Dieu sincèrement, il vient bientôt à nous, dût-il pour cela faire un miracle.

Lorsque Dieu, dans sa tendresse toute paternelle, envoie aux siens quelqu'une de ces grâces extraordinaires qui ravivent la foi, et inondent le cœur d'un amour qui surpasse tout sentiment, on voudrait pouvoir fixer quelque temps sa tente au milieu des délices de cette joie intérieure, prolonger et retenir tout ce qui l'a fait naître, tout ce qui peut la nourrir.

Pour satisfaire au saint désir des âmes pieuses, nous voulons rester quelques moments encore avec l'heureux enfant de Marie ; le suivre et l'écouter, depuis le jour trois fois béni, où, pour la première fois, il s'est uni avec nous par la participation au plus saint des mystères, jusqu'au moment où ces pages sont livrées au public.

Et lui aussi il voulait demeurer sur le Thabor. Comblé par le Seigneur des faveurs les plus privilégiées, ayant jeté loin de lui, comme un manteau usé, toutes les misères de son passé, paré de cette innocence baptismale dont l'éclat se ternit, hélas! si tôt, il soupirait après la solitude, redoutait le bruit du monde, cherchait à échapper au curieux empressement de tous, et mettait comme un sceau sur son cœur, afin de ne point laisser s'épancher les trésors de grâce que le Seigneur y avait enfouis.

Il témoigna donc le désir de passer dans la retraite les jours de dissipation et de bruit qui approchaient. De quel œil eût-il pu voir les folles joies et les vains plaisirs de la terre, celui à qui il avait été donné de lever les yeux sur la rose Mystique, sur la plus belle fleur du ciel, et qui dans la ferveur de sa foi naissante, dans les joies intimes de sa reconnaissance et de son amour, sentait pour la première fois combien le Seigneur est doux.

Mais avant de commencer cette retraite nouvelle, qui ne devait être pour lui qu'un long cantique d'actions de grâces, il lui restait un pieux devoir à remplir, que dis-je! un nouveau bonheur à goûter encore. Devenu l'enfant chéri de l'Église, il soupirait après le moment où il lui serait permis de se prosterner aux pieds du vénérable Pontife qui, en dépit des flots soulevés, dirige d'une main si sûre la barque qui nous porte tous au port du salut.

On nous a raconté les touchants détails de cette entrevue, et pour faire passer dans le cœur de ceux qui nous lisent les sentiments qu'ils ont réveillés dans le nôtre, il nous faut puiser dans les plus précieux souvenirs du catholicisme.

Les personnes qui ont visité les catacombes, et les antiquités religieuses de Rome, se souviennent qu'à chaque pas, on retrouve le bon Pasteur, reportant au bercail unique la brebis qui s'était égarée; elles ont remarqué cette expression d'heureuse mansuétude, de tendre paternité que l'art naïf des premiers siècles a su rendre si bien. Qu'elles se rappellent leurs impressions à la vue de cette image, si souvent, si heureusement répétée, et elles pourront alors se faire une idée de cette scène touchante.

M. Ratisbonne et M. le baron Théod. de Bussières furent conduits aux pieds de Sa Sainteté par le Révérend Père Général de la Compagnie de Jésus. Après avoir fléchi trois fois le genou devant le Vicaire de Jésus-Christ pour satisfaire à leur profonde vénération encore plus qu'à l'usage, ils ont reçu cette sainte bénédiction que tant de chrétiens fervents viennent solliciter de si loin.

Le Très-Saint Père s'est entretenu

avec eux, il les a comblés de témoignages précieux de sa prédilection, avec tout l'abandon, toute la tendresse d'un père qui caresse des fils bien-aimés. Il a ordonné qu'on leur fît voir l'intérieur de ses appartements. Que dis-je ! il a fait plus encore : les poussant devant lui avec une douce familiarité, il les a introduits dans sa chambre à coucher. Alors, le vénérable successeur du Prince des Apôtres leur a donné à tous deux un bien touchant témoignage de sa propre confiance, dans la protection de celle que l'Église implore comme le secours des chrétiens ; il a daigné leur montrer lui-même une image de la Vierge Miraculeuse, qu'il révère avec une dévotion particulière, et qui, placée auprès de son lit, reçoit chaque jour les saintes et ferventes prières que le vénérable Pontife adresse au Seigneur pour qu'il n'y ait plus qu'un seul troupeau, un seul pasteur. Enfin, avant de les congédier, voulant que M. Ratisbonne conservât un souvenir de ce jour mémorable, Sa Sainteté lui a remis, de ses mains vénérées, un crucifix, auquel étaient attachées des indulgences spéciales.

Si jamais, quand les jours d'épreuve et de combat seront venus, le nouveau soldat de la foi avait besoin de ranimer son courage, qu'il se souvienne de l'étendard sacré que le chef visible de l'Église a mis dans ses jeunes mains, et que, jetant les yeux sur son crucifix, il se dise avec confiance : *Tu vaincras par ce signe;* IN HOC SIGNO VINCES.

Peut-être M. Ratisbonne s'éloignera-t-il de nous, avant d'avoir pu prendre racine dans cette terre promise où il avait trouvé la bonne semence. Il est si doux, après l'absence, de revoir une famille qu'on chérit et qu'on vénère, de presser entre ses bras un frère bien-aimé, qui nous avait devancé dans le chemin du Seigneur ! Loin d'affaiblir les liens du cœur, l'Évangile les resserre en les sanctifiant; ses disciples les plus fidèles seront toujours, dans ce qui n'est pas contraire à la loi de Dieu, les fils les plus tendres, les amis les plus dévoués.

Si donc la Providence le ravissait trop tôt à notre fraternelle amitié, qu'il aille, nouvel apôtre, sorti du cénacle, porter sous le ciel de la patrie, au milieu de tous les siens, l'exemple de ses vertus nouvelles, la douce influence de ses prières, le parfum et la grâce de sa jeune âme, qui, née d'hier à la vie catholique, est encore parée, aux yeux du Seigneur, de tous les charmes de l'enfance.

Les premiers vœux, les premières pensées de sa jeunesse avaient été pour la régénération de ses frères ; eh bien ! le Seigneur a lu au fond de son cœur, et il l'a béni, en le régénérant lui-même.

Quelle que soit la route dans laquelle la Providence l'appelle, nos tendres prières le suivront sans cesse, pour attirer sur lui la grâce de la persévérance ; pour que l'auteur de tout don parfait lui donne la force dans le combat, la patience dans l'épreuve, l'humilité dans la victoire, la charité ardente, la charité prudente envers tous.

Toute jeune vie, surtout, est exposée aux orages ; plus heureux que nous, il a été couronné avant le combat; mais les jours mauvais viendront; puisse-t-il alors se souvenir de ses frères de Rome; puisse-t-il, pour rester à jamais inébranlable et fidèle, se souvenir de MARIE sa Mère.

NOTES.

Plus d'un lecteur aura souri, en lisant le mot *régénération* appliqué aux efforts et aux espérances de M. Ratisbonne, en faveur de ses coreligionnaires ; mais il faut bien parler la langue de son époque.

M. Ratisbonne avait vu, avec toute la douleur d'un noble cœur, l'avilissement et les misères morales des classes pauvres, parmi les Israélites. L'objet de son ambition était de travailler, par tous les moyens, à les secourir, à les rendre moins malheureux, pour les rendre meilleurs. De là cet empressement avec lequel il se mettait en avant, pour arriver à son but. On n'a point sans doute oublié à Strasbourg qu'il fut un de ceux qui se donnèrent le plus de mouvement pour une certaine loterie, et je crois aussi un certain bal par souscription, dont le produit devait être appliqué à soulager les pauvres Israélites. Ne dirait-on pas que la Providence avait voulu que ce nom de Ratisbonne fût connu de tous, afin que tous pussent mieux comprendre et admirer l'infinie miséricorde, dont il devait être un si mémorable exemple.

Le *Diario* de Rome, dans son numéro du mardi 15 février 1842, a publié un récit abrégé des faits que nous venons de raconter. Nous ne reproduirons pas cet article. Mais il nous est impossible de ne pas consigner ici une circonstance, que les âmes pieuses et dévouées à Marie seront heureuses de remarquer. M. Ratisbonne est né en 1814, le premier du mois de mai, du mois consacré à la Mère de la grâce divine.

BAPTÊME

DE

M. MARIE-ALPHONSE RATISBONNE.

(*Extrait de l'*Union catholique.)

Rome, 2 février 1842.

Un étranger arrive à Rome il y a quelques semaines. Il est jeune et riche; il a toutes les habitudes d'élégance, tous les goûts de la brillante frivolité que donnent l'éducation et la fortune aux jeunes gens de son âge. Il semble ne demander à l'Italie que la douceur de ses tièdes hivers, quelques rayons de son soleil et de ses vieilles gloires, l'immortelle splendeur de son ciel et de ses musées, le charme toujours renaissant de ses antiques souvenirs, et les parfums de poésie qui s'exhalent partout de ces ruines consacrées par toutes les grandes choses et tous les grands noms de l'histoire... Je me trompe! il y a au fond du cœur de ce jeune homme une préoccupation plus sérieuse, un sentiment d'une profonde et violente énergie: il est juif, et il nourrit dans son âme contre le Catholicisme toutes les préventions, toute la haine de sa race, haine vivace, implacable et sombre; c'est à ce point qu'il ne voulait pas mettre le pied dans Rome. Il y est venu cependant et comme malgré lui; mais à peine arrivé, il songe déjà à s'en éloigner. Il a vu la dégradation morale de ses coreligionnaires relégués dans le plus sale quartier de la ville, il en accuse les Catholiques, sa haine éclate en amers sarcasmes, en horribles blasphèmes. Le matin du jour qu'il a fixé pour son départ, il écrit à son oncle : « Je m'en vais, avec une horreur profonde, de cette ville que je maudis... » Et le même jour, quelques heures plus tard, ce même jeune homme, entré par hasard dans une église déserte, tombait à genoux comme anéanti, puis se relevait fondant en larmes et demandant un prêtre catholique, non pour se faire instruire et pour se convertir... mais pour recevoir le baptême... Sa conversion était complète ; il s'écriait *qu'il avait tout compris*... Que s'est-il passé dans cette église ? qu'a-t-il vu ? qu'a-t-il entendu ? Je pourrais vous le dire ; tout Rome le raconte. Mais il y a des choses d'un ordre si élevé et si saintes de leur nature, qu'il n'appartient qu'à l'Église de les publier la première, avec l'infaillible gravité de sa parole. Elle le fera et vous saurez tout bientôt. Pour moi, je me borne à vous rapporter aujourd'hui, sans un mot d'exagération, tel qu'il s'est produit, tel qu'il m'a frappé, le fait inattendu, le fait public de cette conversion qui serait elle-même, avec toutes ses circonstances, un miracle inexplicable, si un miracle ne l'a pas déterminée. M. Alphonse Ratisbonne appartient à l'une des premières familles juives de Strasbourg. Or, comme pour accumuler toutes les impossibilités morales contre la conversion de ce noble jeune homme, Dieu permet qu'elle ruine probablement ses plus belles espérances de fortune, plus douces et plus chères à son cœur; elle brise peut-être les liens d'un amour consacré par de solennelles fiançailles. « Il y a huit jours, écrit-il à sa jeune fiancée, si quelque malheur imprévu m'avait forcé de renoncer à toi, je ne m'en serais pas senti le courage, je me serais donné la mort... Aujourd'hui, si ma nouvelle foi nous sépare, j'en ferai à Dieu le sacrifice sans répandre une larme, et toute ma vie je le prierai pour qu'il t'éclaire et qu'il nous réunisse au ciel. »

M. Alphonse Ratisbonne a fait son abjuration publique le 31 janvier, dans l'église *del Gesu*, entre les mains du cardinal Patrizzi. Vêtu d'une longue robe de soie blanche, le jeune catéchumène, conformément à la belle liturgie des premiers siècles, attendait au bas de l'église, en dehors d'une barrière qui le séparait du lieu saint. Je ne le connaissais pas encore, mais un intérêt indéfinissable, qui s'explique peut-être par les circonstances miraculeuses de sa conversion, m'attirait vers lui. Je me suis placé le plus près de lui qu'il m'a été possible, plutôt pour recueillir dans l'expression de sa figure les impressions de son âme, que pour suivre les détails de la touchante cérémonie qui allait avoir lieu. Le cardinal, après avoir fait sa prière à l'autel et s'y être revêtu des habits pontificaux, s'est avancé processionnellement vers le catéchumène, à l'entrée de la grande nef. Là ont commencé les cérémonies des exorcismes. Jamais le caractère divin de cette liturgie pleine de mystères ne m'avait révélé toute sa grandeur comme dans cette scène imposante. Connaissez-vous quelque chose de plus saisissant que ce dialogue : *Que demandez-vous ? — Le baptême. — Que voulez-vous encore ? — La vie. — Renoncez-vous à Satan ? — J'y renonce. — Croyez-vous en Jésus-Christ ? — J'y crois !*..... Lui, le descendant de ces Juifs qui le pendirent au bois infâme ! Tout ce qui n'est que formule, même formule sacrée, disparaissait ici. A cette parole ferme, brève, énergique, au regard arrêté, mais modeste, de ce jeune homme, debout devant le Pontife qui l'interroge, à la noble fermeté de son attitude, au calme presque impassible de ce visage, dont la pâleur naturelle laissait à peine entrevoir une légère altération, à tous ces traits d'un caractère résolu et froidement réfléchi, on ne voyait plus, on ne sentait plus que la grandeur de ce combat, où, après Dieu, le plus rare et le plus difficile de tous les courages, celui d'une conviction profonde sans élan d'enthousiasme, sans entraînement d'imagination, avait vaincu ce qu'il y a de plus vivace et de plus fort dans le cœur, sa première croyance et ses premières affections. Un soupir d'ineffable bonheur s'est échappé de sa poitrine, un sourire a passé comme un éclair de céleste béatitude sur ses lèvres, lorsqu'il a relevé sa tête encore toute mouillée par les eaux du baptême. Tous l'ont vu ; il venait de franchir un abîme, il respirait, il était Chrétien !.....

Alors toutes les barrières de l'Église se sont abaissées devant l'innocence et la foi de cette âme régénérée. Au milieu des bénédictions d'une multitude immense qui remplissait la nef, et qui s'ouvrait comme un flot respectueux sur son passage, le jeune néophyte a été conduit à l'autel. Il y a reçu d'abord, des mains du cardinal, le sacrement de confirmation. A mesure que les dons du Saint-Esprit descendaient avec les bénédictions du Pontife sur sa tête, il me paraissait affaissé sous le poids de tant de grâces ; il me semblait, aux mouvements de sa poitrine, que le bonheur arrivait à flots trop pressés dans son âme. On eût dit qu'avant de s'ouvrir aux célestes joies de sa première communion, son cœur avait besoin d'épancher le trop plein des saintes émotions qu'il ne pouvait plus contenir. La cérémonie a été un moment interrompue. Une voix connue et déjà chère à l'élite de cette pieuse assemblée, presque toute composée de Français ou des étrangers catholiques, entre lesquels la glorieuse popularité de notre langue forme, comme la foi, une sorte de lien, a célébré les miséricordes infinies de Dieu et la miraculeuse protection de Marie qui venaient éclater au sein de Rome sur un enfant de la France. M. l'abbé Dupanloup a su trouver, sans efforts, dans son propre cœur, pour exprimer les sentiments du nouveau chrétien, ce langage élevé, cette grave et mâle énergie d'une foi vive, et ces élans de pathétique éloquence auxquels tout l'auditoire ému répondait par des larmes.

Enfin, le sacrifice de la messe a commencé ! Mes yeux n'ont jamais pu se détacher de M. Ratisbonne, anéanti dans son bonheur et dans la ferveur de sa prière. Je croyais lire dans son âme l'impression toujours croissante des sanglants souvenirs du Calvaire. Cela est impossible à rendre. Mais que vous dire de cette nouvelle pâque du nouveau chrétien! Comment vous représenter le moment solennel où le cardinal, d'une main tremblante d'émotion, a déposé la sainte hostie sur ses lèvres? Cette dernière grâce a fait déborder ce vase d'élection ; lui, jusque-là si calme dans sa ferveur, si ferme, et pour ainsi dire toujours maître de ses émotions, il n'a pu tenir au sentiment inconnu de cette félicité nouvelle, il a éclaté tout à coup en sanglots, et il a presque fallu le reporter défaillant de l'autel à sa place. Alors s'est aussi manifesté, dans son plus doux symbole, le dogme catholique de la *communion des Saints*, mystère d'universelle et fraternelle union, par lequel des millions d'hommes de langue et de pays divers, qui jamais n'ont échangé leur nom, ni l'hospitalité du foyer de la famille, se rencontrent dans une même pensée d'amour à la table mystique de Jésus-Christ, rompant ensemble le pain de la vie éternelle, et buvant au même calice le vin de l'infinie charité. De nobles jeunes femmes, des jeunes filles, des jeunes gens, des hommes dont les noms ou les services ont de l'éclat dans leur patrie, se sont avancés vers la table sainte, à la suite du néophyte, offrant à Dieu pour lui le mérite de ces ferventes communions, ainsi que des mères l'auraient fait pour leur fils, des sœurs pour leur frère, des amis pour leur ami. Le peuple lui-même, touché de ce spectacle, unissait à ce pieux cortége de prières et de bénédictions, des vœux hautement exprimés par des mots d'une douceur et d'un charme naïf que je ne saurais faire passer de la langue italienne dans notre langue. Enfin, le *Te Deum* a éclaté, car c'est le seul mot qui puisse rendre l'effet électrique de ce cantique d'actions de grâces, mêlé au son de toutes les cloches *del Gesu*. Ce n'était plus un chant d'église, grave et modéré ; c'étaient les vives acclamations d'une multitude immense saisie d'un enthousiasme religieux. Je prie Dieu de ne laisser jamais effacer de mon cœur le souvenir de tout ce que j'ai senti pendant ces trois heures : une telle impression est, sans contredit, l'une des grâces les plus précieuses qu'une âme chrétienne puisse recevoir.

LETTRE

DE

M. MARIE-ALPHONSE RATISBONNE

A

M. DUFRICHE-DESGENETTES,

Directeur de l'Archiconfrérie de N.-D.-des-Victoires.

Nous croyons devoir faire précéder le récit de la conversion de M. Marie-Alphonse Ratisbonne du préambule dont le vénérable curé de Notre-Dame-des-Victoires l'a accompagné dans le premier bulletin des *Annales de l'Archiconfrérie*.

La nouvelle de la conversion de M. Alphonse Ratisbonne fut donnée à l'Archiconfrérie du saint Cœur de Marie le dimanche 30 janvier, à l'office du soir, par M. l'abbé Ratisbonne, notre sous-directeur. Il nous serait impossible de rendre compte de l'impression que ce touchant et si intéressant récit fit sur toute l'assemblée. Quand l'abbé Ratisbonne, après avoir raconté les circonstances de cette merveilleuse conversion, dit : « Cet Alphonse dont je vous parle est mon frère...» il n'y avait qu'un sentiment, il n'y eut qu'un cri pour l'exprimer ; les cœurs se dilatèrent, et un *ah!* prolongé épancha ce que les cœurs ne pouvaient plus garder d'admiration et de joie. Que de larmes furent répandues, et qu'elles étaient douces! Jusque-là on avait admiré la divine miséricorde, on jouissait du retour de cet enfant à la maison de son père, c'était la joie du chrétien. Mais à ces mots : *C'est mon frère !* toute l'assemblée partagea la joie de ce pieux ecclésiastique; chacun était devenu son frère. Sur la demande qui nous fut faite par plusieurs de nos confrères, au moment où nous descendions de la chaire, nous chantâmes un *Magnificat* en actions de grâces. Depuis un an, la famille du jeune néophyte était l'objet de nos vœux, et quinze jours avant sa conversion il avait été de nouveau et spécialement recommandé par son frère aux prières publiques.

Voulant faire partager à tous nos confrères la sainte joie qui remplit nos cœurs, et ne voulant rien leur présenter que d'exact, nous avons prié M. Marie-Alphonse Ratisbonne de nous donner lui-même la relation de sa conversion. Voici l'extrait d'une lettre qu'il nous a écrite.

Collége de Juilly, 12 avril 1842.

Ma première pensée et le premier cri de mon cœur, au moment de ma conversion, fut d'ensevelir ce secret avec mon existence tout entière au fond d'un cloître, afin d'échapper au monde, qui ne pouvait plus me comprendre, et de me donner tout à mon Dieu, qui m'avait fait entrevoir et goûter les choses d'un autre monde. Je ne voulus point parler sans la permission d'un prêtre; on me conduisit vers celui qui représentait Dieu pour moi. Il m'ordonna de révéler ce qui m'était arrivé; je le fis, autant que cela m'était possible, de vive voix. Aujourd'hui je tâcherai, après quelques semaines de retraite, d'embrasser plus de détails; et c'est à vous, monsieur le Curé, à vous qui avez fondé l'Archiconfrérie pour la conversion des pécheurs, c'est à vous que les pécheurs doivent compte des grâces qu'ils ont obtenues.

Si je ne devais vous raconter que le fait de ma conversion, un seul mot suffirait : le nom de *Marie !* mais on vous demande d'autres faits ; on veut savoir quel est ce fils d'Abraham qui a trouvé à Rome la vie, la grâce et le bonheur. Je veux donc, en invoquant d'abord l'assistance de ma céleste Mère, vous exposer bien simplement toute la suite de ma vie.

Ma famille est assez connue, car elle est riche et bienfaisante, et à ces titres, elle tient depuis longtemps le premier rang en Alsace. Il y a eu, dit-on, beaucoup de piété dans mes aïeux : les chrétiens, aussi bien que les juifs, ont béni le nom de mon grand-père, le seul juif qui, sous Louis XVI, obtint, non-seulement le droit de posséder des propriétés à Strasbourg, mais encore des titres de noblesse. Telle fut ma famille ; mais aujourd'hui, les traditions religieuses y sont entièrement effacées.

Je commençai mes études sur les bancs du collége royal de Strasbourg, où je fis plus de progrès dans la corruption du cœur que dans l'instruction de l'intelligence.

C'était vers l'année 1825 (je suis né le 1er mai 1814) ; à cette époque, un événement porta un rude coup à ma famille. Mon frère Théodore, sur lequel on fondait de grandes espérances, se déclara chrétien ; et, bientôt après, malgré les plus vives sollicitations et la désolation qu'il avait causée, il alla plus loin, se fit prêtre, et exerça son ministère dans la même ville et sous les yeux de mon inconsolable famille. Tout jeune que j'étais, cette conduite de mon frère me révolta, et je pris en haine son habit et son caractère. Élevé au milieu de jeunes chrétiens indifférents comme moi, je n'avais éprouvé jusqu'alors ni sympathie ni antipathie pour le Christianisme ; mais la conversion de mon frère, que je regardais comme une inexplicable folie, me fit croire au fanatisme des catholiques, et j'en eus horreur.

On me retira du collége pour me mettre dans une institution protestante dont le magnifique prospectus avait séduit mes parents. Les fils des grandes maisons protestantes d'Alsace et d'Allemagne venaient s'y former à la vie fashionable de Paris, et s'adonnaient aux plaisirs bien plus qu'à la science. Je me présentai néanmoins aux examens en sortant de cette pension, et par un bonheur peu mérité, je fus reçu bachelier ès-lettres.

J'étais alors maître de mon patrimoine, puisque, bien jeune encore, je perdis ma mère, et, quelques années après, mon père. Mais il me restait un digne oncle, le patriarche de ma famille, un second père, qui, n'ayant point d'enfants, avait mis toute son affection dans les enfants de son frère.

Cet oncle, si connu dans le monde financier par sa loyauté et sa capacité peu ordinaire, voulut m'attacher à la maison de banque dont il est le chef; mais je fis d'abord mon droit à Paris, et après avoir reçu le diplôme de licencié et revêtu la robe d'avocat, je fus rappelé à Strasbourg par mon oncle, qui mit tout en œuvre pour me fixer auprès de lui. Je ne saurais énumérer ses largesses : chevaux, voitures, voyages, mille générosités m'étaient prodiguées, et il ne me refusait aucun caprice. Mon oncle ajouta à ces témoignages d'affection une marque plus positive de sa confiance : il me donna la signature de la maison, et me promit, en outre, le titre et les avantages d'associé... promesse qu'il réalisa effectivement le 1er janvier de cette année 1842. C'est à Rome que j'en reçus la nouvelle.

Mon oncle ne me faisait qu'un seul reproche, c'était mes fréquents voyages à Paris. Tu aimes trop les Champs-Élysées, me disait-il avec bonté. Il avait raison. Je n'aimais que les plaisirs ; les affaires m'impatientaient, l'air des bureaux m'étouffait ; je pensais qu'on était au monde pour en jouir ; et, bien qu'une certaine pudeur naturelle m'éloignât des plaisirs et des sociétés ignobles, je ne rêvais cependant que fêtes et jouissances, et je m'y livrais avec passion.

Heureusement qu'à cette époque une bonne œuvre se présenta à mon besoin d'activité : je la pris chaudement à cœur. C'était l'œuvre de la *régénération* des pauvres Israélites, comme on l'appelle improprement; car je comprends aujourd'hui qu'il faut autre chose que de l'argent et des loteries de charité pour régénérer un peuple sans religion. Mais enfin je croyais alors à la possibilité de cette rénovation, et je devins un des membres les plus zélés de la *Société d'encouragement au travail en faveur des jeunes Israélites*, société que mon frère le prêtre avait fondée à Strasbourg, il y a une quinzaine d'années, et qui toujours a subsisté, malgré le peu de ressources dont elle pouvait disposer.

Je parvins à remplir sa caisse, et je crus avoir beaucoup fait.

O charité chrétienne! que tu as dû sourire à mon orgueilleux contentement! Le juif s'estime beaucoup quand il donne beaucoup; le chrétien donne tout et se méprise : il se méprise, tant qu'il ne s'est pas donné lui-même; et quand il s'est donné tout entier, il se méprise encore.

Je m'occupais donc laborieusement du sort de mes pauvres coreligionnaires, quoique je n'eusse aucune religion. J'étais juif de nom, voilà tout; car je ne croyais pas même en Dieu. Je n'ouvris jamais un livre de religion ; et dans la maison de mon oncle, pas plus que chez mes frères et sœurs, on ne pratiquait la moindre prescription du judaïsme.

Un vide existait dans mon cœur, et je n'étais point heureux au milieu de l'abondance de toutes choses. Quelque chose me manquait; mais cet objet me fut donné aussi... du moins je le croyais!

J'avais une nièce, la fille de mon frère aîné, qui m'était destinée depuis que nous étions enfants tous les deux. Elle se développait avec grâce sous mes yeux, et en elle je voyais tout mon avenir et toute l'espérance du bonheur qui m'était réservé. Il ne me paraît pas convenable de faire ici l'éloge de celle qui fut ma fiancée. Cela serait inutile pour ceux qui ne la connaissent pas; mais ceux qui l'ont vue savent qu'il serait difficile de s'imaginer une jeune fille plus douce, plus aimable et plus gracieuse. Elle était pour moi une création toute particulière, qui semblait faite uniquement pour compléter mon existence; et lorsque les vœux de toute ma famille, d'accord avec nos sympathies mutuelles, fixèrent enfin ce mariage si longtemps désiré, je crus que désormais rien ne manquerait plus à ma félicité.

En effet, après la célébration de mes fiançailles, je voyais toute ma famille au comble de la joie; mes sœurs étaient heureuses! Elles ne me faisaient qu'un reproche, c'était d'aimer trop ma fiancée, et elles s'avouaient jalouses; car je dois dire ici qu'il est peu de familles où l'on s'aime plus que dans la mienne : la plus intime union, la plus tendre affection règne et régna toujours entre mes frères et sœurs, et cet amour va presque jusqu'à l'idolâtrie... Oh! elles sont si bonnes, mes sœurs, si aimantes! Pourquoi donc ne sont-elles pas chrétiennes?

Il n'y avait qu'un seul membre de ma famille qui m'était odieux; c'était mon frère Théodore. Et cependant il nous aimait aussi; mais son habit me repoussait, sa présence m'offusquait; sa parole grave et sérieuse excitait ma colère. Un an avant mes fiançailles je ne pus retenir ces ressentiments, et je les lui exprimai dans une lettre qui dut rompre à jamais tous rapports entre nous. Voici en quelle occasion. Un enfant était à l'agonie; mon frère Théodore ne craignit point de demander ouvertement aux parents la permission de le baptiser, et peut-être allait-il le faire, quand j'eus connaissance de sa démarche. Je regardais ce procédé comme une indigne lâcheté, j'écrivis au prêtre de s'adresser à des hommes et non point à des enfants, et j'accompagnai ces paroles de tant d'invectives et de menaces, qu'aujourd'hui encore je m'étonne que mon frère ne m'ait pas répondu un seul mot. Il continua ses relations avec le reste de ma famille; quant à moi, je ne voulus plus le voir; je nourrissais une haine amère contre les prêtres, les églises, les couvents, et surtout contre les jésuites dont le nom seul provoquait ma fureur.

Heureusement que mon frère quitta Strasbourg; c'était tout ce que je désirais. Il était appelé à Paris, à Notre-Dame-des-Victoires, où il ne cesserait, disait-il, en nous faisant ses adieux, de prier pour la conversion de ses frères et sœurs. Son départ me soulagea d'un grand poids; je cédai même aux instances de ma famille à l'occasion de mes fiançailles, en lui écrivant quelques mots d'excuses; il me répondit avec amitié, me recommandant ses pauvres auxquels je fis en effet parvenir une petite somme.

Après cette espèce de raccommodement

je n'eus plus aucun rapport avec Théodore et je ne pensais plus à lui, je l'oubliai,.... tandis que lui, il priait pour moi !

Je dois consigner ici une certaine révolution qui s'opérait dans mes idées religieuses à l'époque de mes fiançailles.

Je l'ai dit, je ne croyais à rien ; et dans cette entière nullité, dans cette négation de toute foi, je me trouvais parfaitement en harmonie avec mes amis catholiques ou protestants ; mais la vue de ma fiancée éveillait en moi je ne sais quel sentiment de la dignité humaine ; je commençais à croire à l'immortalité de l'âme ; bien plus, je me mis instinctivement à prier Dieu, je le remerciais de mon bonheur, et pourtant je n'étais pas heureux.... Je ne pouvais me rendre compte de mes sentiments ; je regardais ma fiancée comme mon bon ange, je le lui disais souvent ; et en effet sa pensée élevait mon cœur vers un Dieu que je ne connaissais pas, que je n'avais jamais prié ni invoqué.

On jugea convenable, à cause de l'âge trop tendre de ma fiancée, de retarder le mariage. Elle avait seize ans. Je dus faire un voyage d'agrément en attendant l'heure de notre union. Je ne savais de quel côté diriger mes courses; une de mes sœurs, établie à Paris, me voulait près d'elle; un excellent ami m'appelait en Espagne; je résistai aux instances de plusieurs autres qui me communiquaient de séduisants projets. Je m'arrêtai enfin à la pensée d'aller droit à Naples, de passer l'hiver à Malte afin d'y fortifier ma santé délicate, et de revenir ensuite par l'Orient; je pris même des lettres pour Constantinople, et je partis vers la fin de novembre 1841. Je devais être de retour au commencement de l'été suivant.

Oh! que mon départ fut triste! Je laissai là une fiancée bien aimée, un oncle qui ne s'épanouissait qu'avec moi; des sœurs, des frères, des nièces dont la société faisait mes plus chères délices; je laissai là encore ces écoles de travail, ces pauvres Israélites dont je m'occupais si activement, et enfin des amis nombreux qui m'aimaient, des amis d'enfance que je ne pouvais quitter sans verser des larmes, car je les aimais et je les aime encore!....

Partir seul et pour un si long voyage! Cette pensée me jetait dans une profonde mélancolie. « Mais, me disais-je, Dieu « m'enverra peut-être un ami sur ma « route!!! »

Je me rappelle deux singularités qui signalèrent les derniers jours qui précédèrent mon départ; et aujourd'hui ces souvenirs me frappent vivement.

Je voulus, avant de me mettre en voyage, donner ma signature à un grand nombre de quittances concernant la Société d'encouragement au travail.... Je les datais d'avance le 15 janvier, et à force d'écrire cette date sur une foule de pièces, je me fatiguai, et je me disais en posant ma plume :

« Dieu sait où je me trouverai le 15

« janvier, et si ce jour ne sera pas le jour « de ma mort ! »

Ce jour-là je me trouvai à Rome, et ce jour sera pour moi l'aurore d'une nouvelle vie !

Une autre circonstance intéressante fut la réunion de plusieurs Israélites notables qui s'assemblèrent pour aviser aux moyens de réformer le culte judaïque et de le mettre en harmonie avec l'esprit du siècle. Je me rendis à cette assemblée où chacun donna son avis sur les perfectionnements projetés. Il y avait autant d'avis que d'individus ; on discuta beaucoup ; on mit en question toutes les convenances de l'homme, toutes les exigences du temps, toutes les dictées de l'opinion, toutes les idées de la civilisation ; on fit valoir toute espèce de considérations ; on n'en oublia qu'une seule : la loi de Dieu. De celle-là, il ne fut pas question ; je ne sache même pas que le nom de Dieu ait été prononcé une seule fois, pas plus que le nom de Moïse, ni le nom de la Bible.

Mon avis, à moi, était qu'on laissât tomber toutes les formes religieuses, sans recourir ni aux livres, ni aux hommes, et que chacun en particulier, comme tous ensemble, pratiquerait sa croyance à la façon qu'il l'entendrait.

Cet avis prouve ma haute sagesse en fait de religion; j'étais dans le progrès, comme vous le voyez. On se sépara sans rien faire.

Un israélite, plus sensé que moi, avait dit cette parole remarquable que je rapporte textuellement : « *Il faut nous hâter de sortir de ce vieux temple dont les débris craquent de toutes parts, si nous ne voulons pas être bientôt ensevelis sous ses ruines.* » Paroles pleines de vérités, que chaque israélite répète aujourd'hui tout bas. Mais, hélas! il y a dix-huit siècles qu'ils sont sortis de leur vieux temple, et ils n'entrent point dans le temple nouveau, dont les portes sont ouvertes devant eux.

Je partis enfin. En sortant de Strasbourg, je pleurais beaucoup, j'étais agité d'une foule de craintes, de mille étranges pressentiments. Arrivé au premier relai, des cris de joie entremêlés de musique en plein vent me tirèrent de mes rêveries. C'était une noce de village qui était sortie joyeuse et bruyante de l'église au son des flûtes et des violons rustiques ; les gens de la noces entourèrent ma voiture comme pour m'inviter à prendre part à leur joie : « Bientôt ce sera mon tour !... « m'écriai-je. » Et cette pensée ranima toute ma gaieté.

Je m'arrêtai quelques jours à Marseille, où mes parents et mes amis me reçurent avec fête. Je ne pus presque point m'arracher à cette élégante hospitalité. Il en coûte, en effet, de quitter les rives de France, quand on laisse derrière soi tout une vie d'affection et d'aimables souvenirs. Outre les chaînes qui m'arrêtaient à ces rivages, la mer elle-même semblait ne point vouloir me livrer passage ; elle soulevait des montagnes pour me barrer le chemin; mais ces montagnes s'abaissèrent devant la vapeur qui me transporta à Naples. Je pus jouir bientôt du spectacle de l'immensité qui se déployait sur ma tête; mais ce qui me frappait plus que le ciel et la mer, c'était l'homme, faible créature qui brave les dangers et maîtrise les éléments. Mon orgueil, en ce moment, s'élevait plus haut que les vagues de la mer, et formait de nouvelles montagnes plus tenaces et moins flexibles que les flots qui nous battaient.

Le navire, avant d'arriver à Naples, fit une halte à Civita-Vecchia. Au moment d'entrer au port, le canon du fort tonnait avec force. Je m'informai avec une maligne curiosité du motif de ce bruit de guerre sur les terres pacifiques du pape. — On me répondit : « C'est la fête de la Con« ception de Marie. » — Je haussai les épaules sans vouloir débarquer.

Le lendemain, à la lumière d'un soleil magnifique qui étincelait sur la fumée du Vésuve, nous abordâmes à Naples. Jamais aucune scène de la nature ne m'avait plus vivement ébloui ; je contemplais alors avec avidité les brillantes images que les artistes et les poëtes m'avaient données du ciel.

Je passai un mois à Naples pour tout voir et tout écrire ; j'écrivis surtout contre la religion et les prêtres qui, dans cet heureux pays, me semblaient tout à fait déplacés. Oh ! que de blasphèmes dans mon journal ! Si j'en parle ici, c'est pour faire connaître la noirceur de mon esprit. J'écrivis à Strasbourg que j'avais bu sur le Vésuve du *lacryma christi* à la santé de l'abbé Ratisbonne, et que de telles larmes me faisaient du bien à moi-même. Je n'ose transcrire les horribles jeux de mots que je me permis en cette circonstance.

Ma fiancée me demanda si j'étais de l'avis de ceux qui disent : Voir Naples et mourir. Je lui répondis : Non ; mais voir Naples et vivre ; vivre pour la voir encore.

Telles étaient mes dispositions.

Je n'avais aucune envie d'aller à Rome,

bien que deux amis de ma famille, que je voyais souvent, m'y engageassent vivement : c'étaient M. Coulmann, protestant, ancien député de Strasbourg, et M. le baron de Rothschild, dont la famille à Naples me prodiguait toute espèce de prévenances et d'agréments. Je ne pus céder à leurs conseils.... Ma fiancée désirait que j'allasse droit à Malte, et elle m'envoya un ordre de mon médecin qui me recommandait d'y passer l'hiver, en me défendant positivement d'aller à Rome, à cause des fièvres malignes qui, disait-il, y régnaient.

Il y avait là plus de motifs qu'il n'en fallait pour me détourner du voyage de Rome, si ce voyage s'était trouvé sur mon itinéraire. Je pensais y aller à mon retour, et je pris ma place à bord du *Mongibello* pour me rendre en Sicile. Un ami m'accompagna sur le bateau, et me promit de revenir au moment du départ pour me dire adieu. Il vint, mais ne me trouva point au rendez-vous. Si jamais

M. de Rèchecourt apprend le motif qui m'y a fait manquer, il s'expliquera mon impolitesse, et la pardonnera sans aucun doute.

M. Coulmann m'avait mis en rapport avec un aimable et digne homme qui devait faire comme moi le voyage de Malte : j'étais heureux de cette rencontre, et je me disais : « Ah ! voilà l'ami que le « ciel m'a envoyé ! »

Cependant le bateau n'était pas encore parti le premier jour de l'an. Ce jour s'annonçait pour moi sous les plus tristes conditions. J'étais seul à Naples sans recevoir les vœux de personne, sans que j'eusse personne à serrer dans mes bras; je pensais à ma famille, aux souhaits et aux fêtes qui entourent à pareille époque mon bon oncle; je versais des larmes, et la gaieté des Napolitains augmentait ma tristesse. Je sortis pour me distraire, en suivant machinalement le flot de la foule. J'arrivai sur la place du Palais et me trouvai, je ne sais comment, à la porte d'une église. J'y entre. On y disait la messe, je crois. Quoi qu'il en soit, je me tins là debout, appuyé contre une colonne, et mon cœur semblait s'ouvrir et aspirer une atmosphère inconnue. Je priais à ma manière, sans m'occuper de ce qui se passait autour de moi : je priais pour ma fiancée, pour mon oncle, pour mon père défunt, pour la bonne mère dont j'ai été privé si jeune, pour tous ceux qui m'étaient chers, et je demandais à Dieu quelques inspirations qui pussent me guider dans mes projets d'améliorer le sort des juifs, pensée qui me poursuivait sans cesse.

Ma tristesse s'en était allée comme un noir nuage que le vent dissipe et chasse au loin; et tout mon intérieur, inondé d'un calme inexprimable, ressentait une consolation semblable à celle que j'aurais éprouvée si une voix m'avait dit : *Ta prière est exaucée!* Oh! oui, elle était exaucée au centuple et au delà de toutes prévisions, puisque le dernier jour du même mois, je devais recevoir solennellement le Baptême dans une église de Rome!

Mais comment suis-je allé à Rome?

Je ne puis le dire, je ne puis me l'expliquer à moi-même. Je crois que je me suis trompé de chemin; car au lieu de me rendre au bureau des places de Palerme, vers lequel je me dirigeais, je suis arrivé au bureau des diligences de Rome. J'y suis entré et je pris ma place. Je fis dire à M. Vigne, l'ami qui devait m'accompagner à Malte, que je n'avais pu résister à faire une courte excursion à Rome, et que je serais positivement de retour à Naples pour en repartir *le 20 janvier*. J'eus tort de m'engager; car c'est Dieu qui dispose, et cette date du 20 janvier devait marquer autrement dans ma vie. Je quittai Naples le 5, et j'arrivai à Rome le 6, jour des Rois. Mon compagnon de voyage était un anglais, nommé Marschal, dont la conversation originale m'amusa beaucoup en chemin.

Rome ne me fit point, au premier

abord, l'impression que j'espérais. J'avais d'ailleurs si peu de jours à donner à cette excursion improvisée, que je me hâtais de dévorer en quelque sorte toutes les ruines anciennes et modernes que la ville offre à l'avidité d'un touriste. Je les entassais pêle-mêle dans mon imagination et sur mon journal. Je visitais avec une monotone admiration les galeries, les cirques, les églises, les catacombes, les innombrables magnificences de Rome. J'étais accompagné le plus souvent de mon Anglais et d'un valet de place; je ne sais à quelle religion ils appartenaient, car ni l'un ni l'autre ne se déclarèrent chrétiens dans les églises; et, si je ne me trompe, je m'y conduisais avec plus de respect que les deux autres.

Le 8 janvier, au milieu de mes courses, j'entends une voix qui m'appelle dans la rue; c'était un ami d'enfance, Gustave de Bussières. J'étais heureux de cette rencontre, car mon isolement me pesait. Nous allames dîner chez le père de mon ami, et, dans cette douce société, j'éprouvai quelque chose de cette joie qu'on ressent sur une terre étrangère, en retrouvant les vivants souvenirs du pays natal.

En entrant dans le salon, M. Théodore de Bussières, le fils aîné de cette honorable famille, le quittait. Je ne connaissais point personnellement le baron Théodore, mais je savais qu'il était l'ami de mon frère, son homonyme ; je savais qu'il avait abandonné le protestantisme pour se faire catholique ; c'en était assez pour m'inspirer une profonde antipathie. Il me semblait qu'il éprouvait à mon égard le même sentiment. Cependant, comme M. Théodore de Bussières s'était fait connaître par ses voyages en Orient et en Sicile, qu'il a publiés, j'étais bien aise, avant d'entreprendre les mêmes courses, de lui demander quelques indications ; et, soit par ce motif, soit par simple politesse, je lui exprimai mon intention de lui faire ma visite. Il me fit une réponse de bon goût, et ajouta qu'il venait de recevoir des lettres de l'abbé Ratisbonne, et qu'il m'indiquerait la nouvelle adresse de mon frère. « Je la recevrai « volontiers, lui dis-je, quoique je n'en « use point. »

Nous en demeurâmes là ; et, en me séparant de lui, je murmurais en moi-même de la nécessité où je m'étais engagé de faire une visite inutile et de perdre un temps dont j'étais avare.

Je continuai à courir dans Rome tout le long du jour, sauf deux heures que je passais le matin avec Gustave, et le repos que je prenais le soir au spectacle ou en soirée. Mes entretiens avec Gustave étaient animés; car entre deux camarades de pension, les moindres souvenirs fournissent d'intarissables sujets de rire et de causeries. Mais il était zélé protestant et enthousiaste comme le sont les piétistes d'Alsace. Il me vantait la supériorité de sa secte sur toutes les autres sectes chrétiennes, et cherchait à me convertir; ce qui m'amusait beaucoup; car je croyais que les catholiques seuls avaient la manie du prosélytisme. Je ripostais ordinairement par des plaisanteries; mais une fois, pour le consoler de ses vaines tentatives, je lui promis que si jamais l'envie me prenait de me convertir, je me ferais piétiste. Je lui en donnai l'assurance, et, à son tour, il me fit une promesse, celle de venir assister aux fêtes de mon mariage, au mois d'août. Ses instances pour me retenir à Rome furent inutiles. D'autres amis, MM. Edmond Humann et Alfred de Lotzbeck s'étaient joints à lui pour me déterminer à passer le carnaval à Rome. Mais je ne pus m'y décider; je craignais de déplaire à ma fiancée, et M. Vigne m'attendait à Naples, d'où nous devions partir le 20 janvier.

Je mis donc à profit les dernières heures de mon séjour à Rome, pour achever mes courses. Je me rendis au Capitole et visitai l'église d'*Aracœli*. L'aspect imposant de cette église, les chants solennels qui retentissaient dans sa vaste enceinte et les souvenirs historiques éveillés en moi par le sol même que je foulais aux pieds, toutes ces choses firent sur moi une impression profonde. J'étais ému, pénétré, transporté, et mon valet de place, s'apercevant de mon trouble, me dit, en me regardant froidement, que plus d'une fois il avait remarqué cette émotion dans les étrangers qui visitent l'*Aracœli*.

En descendant du Capitole, mon cicerone me fit traverser le *Ghetto* (quartier des Juifs). Là, je ressentis une émotion toute différente, c'était de la pitié et de l'indignation. Quoi! me disais-je à la vue de ce spectacle de misère, est-ce donc là cette charité de Rome qu'on proclame si haut? Je frissonnais d'horreur, et je me demandais si, pour avoir tué un seul homme il y a dix-huit siècles, un peuple tout entier méritait un traitement si barbare et des préventions si interminables!... Hélas! je ne connaissais pas alors ce seul homme! et j'ignorais le cri sanguinaire que ce peuple avait poussé... cri que je n'ose répéter ici et que je ne veux pas redire. J'aime mieux me rappeler cet autre cri exhalé sur la croix : — *Pardonnez-leur, ô mon Dieu ! car ils ne savent ce qu'ils font !*

Je rendis compte à ma famille de ce que j'avais vu et ressenti. Je me souviens d'avoir écrit que j'aimais mieux être parmi les opprimés que dans le camp des oppresseurs. Je retournai au Capitole où l'on se donnait beaucoup de mouvement, à l'*Aracœli*, pour une cérémonie du lendemain. Je m'enquis du but de tant de préparatifs. On me répondit qu'on disposait la cérémonie du baptême de deux Juifs, MM. Constantini, d'Ancône. Je ne saurais exprimer l'indignation qui me saisit à ces paroles; et quand mon guide me demanda si je voulais y assister : Moi! m'écriai-je, moi! assister à de pareilles infamies ! Non, non : je ne pourrais m'empêcher de me précipiter sur les baptisants et sur les baptisés !

Je dois dire, sans crainte d'exagérer,

que jamais de ma vie je n'avais été plus aigri contre le christianisme que depuis la vue du *Ghetto*. Je ne tarissais point en moqueries et en blasphèmes.

Cependant j'avais des visites de congé à faire, et celle du baron de Bussières me revenait toujours à l'esprit, comme une malencontreuse obligation que je m'étais gratuitement imposée. Très-heureusement je n'avais pas demandé son adresse, et cette circonstance me paraissait déterminante. J'étais enchanté d'avoir une excuse pour ne point effectuer ma promesse.

C'était le 15, et j'allai retenir ma place aux voitures de Naples; mon départ est arrêté pour le 17 à trois heures du matin. Il me restait deux jours, je les employai à de nouvelles courses. Mais, en sortant d'un magasin de librairie où j'avais vu quelques ouvrages sur Constantinople, je rencontre au *Corso* un domestique de M. de Bussières père; il me salue et m'aborde. Je lui demande l'adresse de

M. Théodore de Bussières ; il me répond avec l'accent alsacien · Piazza Nicosia, n° 38.

Il me fallut donc, bon gré, mal gré, faire cette visite, et cependant je résistai vingt fois encore. Enfin je me décide, en traçant un p. p. c. sur ma carte.

Je cherchais cette place Nicosia, et, après bien des détours et circuits, j'arrive au n° 38. C'était précisément la porte à côté du bureau des diligences où j'avais pris ma place le même jour. J'avais fait bien du chemin pour arriver au point d'où j'étais parti ; itinéraire de plus d'une existence humaine ! Mais du même point où je me retrouvais alors, j'allais repartir encore une fois pour faire un tout autre chemin !

Mon entrée chez M. de Bussières me causa de l'humeur ; car le domestique, au lieu de prendre ma carte que je tenais en main, m'annonça et m'introduisit au salon. Je déguisai ma contrariété, tant bien que mal, sous les formes du sourire, et j'allai m'asseoir auprès de madame la baronne de Bussières, qui se trouvait entourée de ses deux petites filles, gracieuses et douces comme les anges de Raphaël. La conversation, d'abord vague et légère, ne tarda point à se colorer de toute la passion avec laquelle je racontai mes impressions de Rome.

Je regardais le baron de Bussières comme un dévot, dans le sens malveillant qu'on donne à ce terme, et j'étais fort aise d'avoir l'occasion de le tympaniser à propos de l'état des juifs romains. Cela me soulageait; mais ces griefs placèrent la conversation sur le terrain religieux. M. de Bussières me parla des grandeurs du catholicisme; je répondis par des ironies et des imputations que j'avais lues ou entendues si souvent; encore imposai-je un frein à ma verve impie, par respect pour madame de Bussières et pour la foi des jeunes enfants qui jouaient à côté de nous. — « Enfin, me dit M. de « Bussières, puisque vous détestez la su-

« perstition et que vous professez des « doctrines si libérales, puisque vous êtes « un esprit fort si éclairé, auriez-vous « le courage de vous soumettre à une « épreuve bien innocente? — Quelle « épreuve? — Ce serait de porter sur vous « un objet que je vais vous donner..... « Voici! C'est une médaille de la sainte « Vierge. Cela vous paraît bien ridicule, « n'est-ce pas? Mais quant à moi, j'at- « tache une grande valeur à cette mé- « daille. »

La proposition, je l'avoue, m'étonna par sa puérile singularité. Je ne m'attendais pas à cette chute. Mon premier mouvement était de rire en haussant les épaules; mais la pensée me vint que cette scène fournirait un délicieux chapitre à mes impressions de voyage, et je consentis à prendre la médaille comme une pièce de conviction que j'offrirais à ma fiancée. Aussitôt dit et aussitôt fait. On me passe la médaille au cou, non sans peine, car le nœud était trop court et le cordon ne passait pas. Enfin, à force de tirer, j'avais la médaille sur ma poitrine et je m'écriais avec un éclat de rire, « Ha! ha! me « voici catholique, apostolique et Ro« main! »

C'était le démon qui prophétisait par ma bouche.

M. de Bussières triomphait naïvement de sa victoire et voulut en remporter tous les avantages.

« Maintenant, me dit-il, il faut com« pléter l'épreuve. Il s'agit de réciter ma« tin et soir le *Memorare*, prière très« courte et très-efficace, que saint Ber« nard adressa à la vierge Marie. — Qu'est« ce que votre *Memorare?* m'écriai-je; « laissons ces sottises! » Car en ce moment je sentais toute mon animosité se renouveler en moi. Le nom de saint Bernard me rappelait mon frère qui avait écrit l'histoire de ce saint, ouvrage que je n'avais jamais voulu lire; et ce souvenir réveillait à son tour tous mes ressentiments contre le prosélytisme, et le jésuitisme, et ceux que j'appelais tartufes et apostats.

Je priai donc M. de Bussières d'en rester là ; et tout en me moquant de lui, je regrettais de n'avoir pas moi-même une prière hébraïque à lui offrir pour que la partie fût égale ; mais je n'en avais point et n'en connaissais point.

Cependant mon interlocuteur insista : il me dit qu'en refusant de réciter cette courte prière je rendais l'épreuve nulle, et que je prouvais par cela même la réalité de l'obstination volontaire qu'on reproche aux Juifs.

Je ne voulus point attacher trop d'importance à la chose, et je dis : « Soit ! je vous promets de réciter cette prière ; si elle ne me fait pas de bien, du moins ne me fera-t-elle pas de mal ! » Et M. de Bussières alla la chercher en m'invitant à la copier. J'y consentis, à la condition, lui répondis-je, « que je vous remettrai « ma copie et garderai votre original. »

Ma pensée était d'enrichir mes notes de cette nouvelle pièce justificative.

Nous étions donc parfaitement satisfaits l'un et l'autre; notre causerie, en définitive, m'avait paru bizarre, et elle m'amusa. Nous nous séparâmes, et j'allai passer la soirée au spectacle, où j'oubliai et la médaille et le *Memorare*. Mais en rentrant chez moi, je trouvai un billet de M. de Bussières, qui était venu rendre ma visite, et m'invitait à le revoir avant mon départ. J'avais à lui restituer son *Memorare*, et, devant partir le lendemain, je fis mes malles et mes préparatifs ; puis je me mis à copier la prière, qui était conçue en ces propres termes :

« Souvenez-vous, ô très-pieuse
« Vierge Marie, qu'on n'a jamais ouï
« dire qu'aucun de ceux qui ont eu
« recours à votre protection, imploré
« votre secours et demandé votre suf-

« frage, ait été abandonné. Plein d'une « pareille confiance, je viens, ô Vierge « des vierges, me jeter entre vos bras, « et, gémissant sous le poids de mes « péchés, je me prosterne à vos pieds. « O Mère du Verbe, ne dédaignez pas « mes prières, mais écoutez-les favo« rablement et les exaucez. »

J'avais copié machinalement ces paroles de saint Bernard, sans presque aucune attention. J'étais fatigué; l'heure était avancée, et j'avais besoin de prendre du repos.

Le lendemain 16 janvier, je fis signer mon passeport et achevai les dispositions du départ; mais chemin faisant je redisais sans cesse les paroles du *Memorare*. Comment donc, ô mon Dieu, ces paroles s'étaient-elles si vivement, si intimement emparées de mon esprit? Je ne pouvais m'en défendre; elles me revenaient sans cesse : je les répétais continuellement, comme ces airs de musique qui vous poursuivent, qui vous impatientent, et qu'on fredonne malgré soi et quelque effort qu'on fasse.

Vers onze heures, je me rendis chez M. de Bussières pour lui rapporter son inextricable prière. Je lui parlai de mon voyage d'Orient, et il me fournit d'excellents renseignements.

« Mais, s'écria-t-il tout à coup, il est « étrange que vous quittiez Rome dans « un moment où tout le monde vient as« sister aux pompes de Saint-Pierre. Peut« être ne reviendrez-vous jamais, et vous « regretterez d'avoir manqué une occa« sion que tant d'autres viennent cher« cher avec une si avide curiosité. »

Je lui répondis que j'avais pris et payé ma place ; que déjà j'en avais donné avis à ma famille ; que des lettres m'attendaient à Palerme ; qu'enfin il était trop tard de changer mes dispositions, et que décidément je partirais.

Ce colloque fut interrompu par l'arrivée du facteur, qui apportait à M. de Bussières une lettre de l'abbé Ratisbonne. Il m'en donna connaissance; je la lus, mais sans aucun intérêt, car il n'était question dans cette lettre que d'un ouvrage religieux que M. de Bussières fait imprimer à Paris. Mon frère ignorait d'ailleurs que je fusse à Rome. Cet épisode inattendu devait abréger ma visite; car je fuyais même le souvenir de mon frère.

Cependant, par une influence incompréhensible, je me décidai à prolonger mon séjour à Rome. J'accordais aux instances d'un homme que je connaissais à peine ce que j'avais obstinément refusé à mes amis et à mes camarades les plus intimes.

Quelle était donc, ô mon Dieu, cette impulsion irrésistible qui me faisait faire ce que je ne voulais pas? N'était-ce pas la même qui de Strasbourg me poussait en Italie, malgré les invitations de Valence et de Paris? la même qui de Naples me poussait à Rome, malgré ma détermination d'aller en Sicile? la même qui, à Rome, à l'heure de mon départ, me força de faire la visite qui me répugnait, tandis que je ne trouvais plus le temps de faire aucune de celles que j'aimais? O conduite providentielle! Il y a donc une mystérieuse influence qui accompagne l'homme sur la route de la vie! J'avais reçu à ma naissance le nom de Tobie avec celui d'Alphonse. J'oubliai mon premier nom; mais l'ange invisible ne l'oublia point. C'était là le véritable ami que le ciel m'avait envoyé; mais je ne le connaissais pas. Hélas! il y a tant de Tobies dans le monde qui ne connaissent point ce guide céleste et qui résistent à sa voix!

Mon intention n'était pas de passer le carnaval à Rome; mais je voulais voir le Pape; et M. de Bussières m'avait assuré que je le verrais au premier jour à Saint-Pierre. Nous allâmes faire quelques courses ensemble. Nos conversations avaient pour objet tout ce qui frappait nos regards : tantôt un monument, tantôt un tableau, tantôt les mœurs du pays, et à ces divers sujets se mêlèrent toujours les questions religieuses. M. de Bussières les amenait si naïvement, y insistait avec une ardeur si vive, que plus d'une fois, dans le secret de ma pensée, je me disais que si quelque chose pouvait éloigner un homme de la religion, c'était l'insistance même qu'on mettait à le convertir. Ma gaieté naturelle me portait à rire des choses les plus graves, et aux étincelles de mes plaisanteries se joignait le feu infernal des blasphèmes auxquels je n'ose penser aujourd'hui, tellement j'en suis effrayé.

Et cependant M. de Bussières, tout en m'exprimant sa douleur, demeurait calme et indulgent. Il me dit même une fois : « Malgré vos emportements, j'ai la conviction qu'un jour vous serez chrétien, car il y a en vous un fond de droiture qui me rassure et me persuade que vous serez éclairé, dût pour cela le Seigneur vous envoyer un ange du ciel. »

« — A la bonne heure, lui répondis-je, « car autrement la chose serait difficile. »

En passant devant la *Scala sancta*, M. de Bussières se prit d'enthousiasme. Il se leva dans sa voiture, et se découvrant la tête, il s'écria avec feu : « Salut, « saint Escalier! voici un pécheur qui « vous montera un jour à genoux! »

Exprimer ce que produisit sur moi ce mouvement inattendu, cet honneur extraordinaire rendu à un *escalier*, serait chose impossible. J'en riais comme d'une action tout à fait insensée; et quand plus tard nous traversâmes la délicieuse *villa Volkonski*, dont les jardins éternellement fleuris sont entrecoupés par les aqueducs de Néron, j'élevai la voix à mon tour, et je m'écriai en parodiant la première exclamation : « Salut, vraies merveilles de « Dieu! c'est devant vous qu'il faut se « prosterner, et non pas devant un esca- « lier! »

Ces promenades en voiture se renouvelèrent les deux jours suivants et durérent une ou deux heures. Le mercredi 19, je vis encore M. de Bussières, mais il semblait triste et abattu. Je me retirai, par discrétion, sans lui demander la cause de son chagrin. Je ne l'appris que le lendemain à midi, dans l'église Saint-André-des-Frères.

Je dus partir le 22; car j'avais de nouveau retenu ma place pour Naples. Les préoccupations de M. de Bussières avaient diminué son ardeur prosélytique, et je pensais qu'il avait oublié sa médaille miraculeuse, tandis que, moi, je murmurais toujours avec un inconcevable impatience l'invocation perpétuelle de saint Bernard.

Cependant, au milieu de la nuit du 19 au 20, je me réveillai en sursaut : je voyais fixe devant moi une grande croix noire d'une forme particulière et sans Christ. Je fis des efforts pour chasser cette image, mais je ne pouvais l'éviter, et je la retrouvais toujours devant moi, de quelque côté que je me tournasse. Je ne pourrais dire combien de temps dura cette lutte.

Je me rendormis ; et le lendemain, à mon réveil, je n'y pensais plus.

J'avais à écrire plusieurs lettres ; et je me rappelle que l'une d'elles, adressée à la jeune sœur de ma fiancée, se terminait par ces mots : *que Dieu vous garde !*... Depuis, j'ai reçu une lettre de ma fiancée, sous la même date du 20 janvier ; et, par une singulière coïncidence, cette lettre finissait par les mêmes mots : *que Dieu vous garde !*... Ce jour-là était, en effet, sous la garde de Dieu !...

Toutefois, si quelqu'un m'avait dit dans la matinée de ce jour : « *Tu t'es levé juif et tu te coucheras chrétien*..... ; si quelqu'un m'avait dit cela, je l'aurais regardé comme le plus fou des hommes.

Le jeudi 20 janvier, après avoir déjeuné à l'hôtel et porté moi-même mes lettres à la poste, j'allai chez mon ami Gustave, le piétiste, qui était revenu de la chasse, excursion qui l'avait éloigné pendant quelques jours.

Il était fort étonné de me retrouver à

Rome. Je lui en expliquai le motif : c'était l'envie de voir le Pape.

« Mais je partirai sans le voir, lui dis-je, car il n'a pas assisté aux cérémonies de la chaire de saint Pierre, où l'on m'avait fait espérer qu'il se trouverait. »

Gustave me consola ironiquement en me parlant d'une autre cérémonie tout à fait curieuse qui devait avoir lieu, je crois, à Sainte-Marie-Majeure. Il s'agissait de la bénédiction des animaux. Et sur cela, assaut de calembourgs et de quolibets, tels qu'on peut se les figurer entre un juif et un protestant.

Nous nous séparâmes vers 11 heures, après nous être donné rendez-vous au lendemain ; car nous dûmes aller examiner ensemble un tableau qu'avait fait faire notre compatriote le baron de Lotzbeck. Je me rendis dans un café sur la place d'Espagne pour y parcourir les journaux, et je m'y trouvais à peine, quand M. Edmond Humann, le fils du ministre des finances, vint se placer à côté de moi, et nous causâmes très-joyeusement sur Paris, les arts et la politique. Bientôt un autre ami m'aborde, c'était un protestant, M. Alfred de Lotzbeck, avec lequel j'eus une conversation plus futile encore; nous parlâmes de chasse, de plaisirs, des réjouissances du carnaval, de la soirée brillante qu'avait donnée la veille le duc de Torlonia. Les fêtes de mon mariage ne pouvaient être oubliées, j'y invitai M. de Lotzbeck, qui me promit positivement d'y assister.

Si en ce moment (car il était midi) un troisième interlocuteur s'était approché de moi et m'avait dit : « Alphonse, dans « un quart d'heure tu adoreras Jésus-« Christ, ton Dieu et ton Sauveur, et tu « seras prosterné dans une pauvre église, « et tu te frapperas la poitrine aux pieds « d'un prêtre, dans un couvent de Jé-« suites où tu passeras le carnaval pour « te préparer au baptême, prêt à t'im-« moler pour la foi catholique; et tu re-« nonceras au monde, à ses pompes, à

« ses plaisirs, à ta fortune, à tes espé-
« rances, à ton avenir; et, s'il le faut, tu
« renonceras encore à ta fiancée, à l'af-
« fection de ta famille, à l'estime de tes
« amis, à l'attachement des Juifs... et tu
« n'aspireras plus qu'à suivre Jésus-Christ
« et à porter sa croix jusqu'à la mort... »
Je dis que si quelque prophète m'avait fait une semblable prédiction, je n'aurais jugé qu'un seul homme plus insensé que lui; c'eût été l'homme qui aurait cru à la possibilité d'une telle folie !

Et cependant c'est cette folie qui fait aujourd'hui ma sagesse et mon bonheur.

En sortant du café, je rencontre la voiture de M. Théodore de Bussières. Elle s'arrête et je fus invité à y monter pour une partie de promenade. Le temps était magnifique, et j'acceptai avec plaisir. Mais M. de Bussières me demanda la permission de s'arrèter quelques minutes à l'église Saint-André-des-Frères, qui se trouvait presque à côté de nous, pour une commission qu'il avait à remplir; il me proposa de l'attendre dans la voiture; je préférai sortir pour voir cette église. On y faisait des préparatifs funéraires, et je m'informai du nom du défunt qui devait y recevoir les derniers honneurs. M. de Bussières me répondit : « C'est un « de mes bons amis, le comte de Laferronnays; sa mort subite, ajouta-t-il, est « la cause de cette tristesse que vous « avez dû remarquer en moi depuis deux « jours. »

Je ne connaissais pas M. de Laferronnays; je ne l'avais jamais vu, et je n'éprouvais d'autre impression que celle d'une peine assez vague qu'on ressent toujours à la nouvelle d'une mort subite. M. de Bussières me quitta pour aller retenir une tribune destinée à la famille du défunt. — « Ne vous impatientez pas, « me dit-il en montant au cloître, ce sera « l'affaire de deux minutes... »

L'église de Saint-André est petite, pauvre et déserte;... je crois y avoir été à peu près seul;... aucun objet d'art n'y attirait mon attention; je promenai machinalement mes regards autour de moi, sans m'arrêter à aucune pensée; je me souviens seulement d'un chien noir qui sautait et bondissait devant mes pas... Bientôt ce chien disparut, l'église tout entière disparut, je ne vis plus rien... ou plutôt, ô mon Dieu, je vis une seule chose!!!

Comment serait-il possible d'en parler? Oh! non, la parole humaine ne doit point essayer d'exprimer ce qui est inexprimable; toute description, quelque sublime qu'elle puisse être, ne serait qu'une profanation de l'ineffable vérité.

J'étais là, prosterné, baigné dans mes larmes, le cœur hors de moi-même, quand M. de Bussières me rappela à la vie.

Je ne pouvais répondre à ses questions précipitées; mais enfin je saisis la médaille que j'avais laissée sur ma poitrine; je baisai avec effusion l'image de la Vierge rayonnante de grâces... Oh! c'était bien elle!

Je ne savais où j'étais; je ne savais si j'étais Alphonse ou un autre; j'éprouvais un si total changement, que je me croyais un autre moi-même... je cherchais à me retrouver et je ne me retrouvais pas... La joie la plus ardente éclata au fond de mon âme; je ne pus parler; je ne voulus rien révéler; je sentais en moi quelque chose de solennel et de sacré qui me fit demander un prêtre... on m'y conduisit, et ce n'est qu'après en avoir reçu l'ordre positif, que je parlai selon qu'il m'était possible, à genoux et le cœur tremblant.

Mes premiers mots furent des paroles de reconnaissance pour M. de Laferronnays et pour l'Archiconfrérie de Notre-Dame-des-Victoires. Je savais d'une manière certaine que M. de Laferronnays avait prié pour moi (1), mais je ne saurais

(1) On sait que M. le comte de Laferronnays, après avoir édifié Rome par ses vertus et par la piété qui éclata dans les dernières années de sa vie, mourut subitement le 17 janvier au soir. La veille, il avait dîné chez le prince Borghèse, où M. de Bussières recommanda le jeune israélite aux prières

dire comment je l'ai su, pas plus que je ne pourrais rendre compte des vérités dont j'avais acquis la foi et la connaissance. Tout ce que je puis dire, c'est qu'au moment du geste, le bandeau tomba de mes yeux; non pas un seul bandeau, mais toute la multitude de bandeaux qui m'avaient enveloppé disparurent successivement et rapidement comme la neige et la boue et la glace, sous l'action d'un brûlant soleil.

Je sortais d'un tombeau, d'un abîme de ténèbres, et j'étais vivant, parfaitement vivant... mais je pleurais! je voyais au fond de l'abîme les misères extrêmes d'où j'avais été tiré par une miséricorde infinie : je frissonnais à la vue de toutes mes iniquités et j'étais stupéfait, attendri, écrasé d'admiration et de reconnaissance... Je pensais à mon frère avec une indicible joie ; mais à mes larmes d'amour

de M. de Laferronnays, qui témoigna le plus vif intérêt pour cette conversion.

se mêlèrent des larmes de pitié. Hélas! tant d'hommes descendent tranquillement dans cet abîme les yeux fermés par l'orgueil ou l'insouciance... ils y descendent, ils s'engloutissent tout vivants dans les horribles ténèbres... et ma famille, ma fiancée, mes pauvres sœurs!!! Oh! déchirante anxiété! C'est à vous que je pensais, ô vous que j'aime! c'est à vous que je donnais mes premières prières... Ne lèverez-vous pas les yeux vers le Sauveur du monde, dont le sang a effacé le péché originel? Oh! que l'empreinte de cette souillure est hideuse! Elle rend complétement méconnaissable la créature faite à l'image de Dieu.

On me demande comment j'ai appris ces vérités, puisqu'il est avéré que jamais je n'ouvris un livre de religion, jamais je ne lus une seule page de la Bible, et que le dogme du péché originel, totalement oublié ou nié par les juifs de nos jours, n'avait jamais occupé un instant ma pensée; je doute même d'en avoir connu le nom. Comment donc suis-je arrivé à cette connaissance? Je ne saurais le dire. Tout ce que je sais, c'est qu'en entrant à l'église, j'ignorais tout, qu'en sortant je voyaïs clair. Je ne puis expliquer ce changement que par la comparaison d'un homme qu'on réveillerait subitement d'un profond sommeil, ou bien par l'analogie d'un aveugle-né qui tout à coup verraït le jour : il voit, mais il ne peut définir la lumière qui l'éclaire et au sein de laquelle il contemple les objets de son admiration. Si on ne peut expliquer la lumière physique, comment pourrait-on expliquer une lumière qui, au fond, n'est que la vérité elle-même? Je crois rester dans le vrai en disant que je n'avais nulle science de la lettre, mais que j'entrevoyais le sens et l'esprit des dogmes. Je sentais ces choses plus que je ne les voyais, et je les sentais par les effets inexprimables qu'elles produisirent en moi. Tout se passait au dedans de moi ; et ces impressions mille fois plus rapides que la pensée, mille fois plus profondes que la réflexion, n'avaient pas seulement ému mon âme, mais elles l'avaient comme retournée et dirigée dans un autre sens, vers un autre but et dans une nouvelle vie.

Je m'explique mal; mais voulez-vous, Monsieur, que je renferme dans des mots étroits et secs des sentiments que le cœur même peut à peine contenir?

Quoi qu'il en soit de ce langage inexact et incomplet, le fait positif est que je me trouvais en quelque sorte comme un être nu, comme une table rase... Le monde n'était plus rien pour moi, les préventions contre le christianisme n'existaient plus; les préjugés de mon enfance n'avaient plus la moindre trace; l'amour de mon Dieu avait tellement pris la place de tout autre amour, que ma fiancée elle-même m'apparaissait sous un nouveau point de vue. Je l'aimais comme on aimerait un objet que Dieu tient entre ses mains, comme un don précieux qui fait aimer encore davantage le donateur.

Je répète que je conjurai mon confesseur, le R. P. de Villefort, et M. de Bussières, de garder un secret inviolable sur ce qui m'était arrivé. Je voulus m'ensevelir au couvent des Trappistes pour ne plus m'occuper que des choses éternelles; et aussi, je l'avoue, je pensais que dans ma famille et parmi mes amis, on me croirait fou, qu'on me tournerait en ridicule, et qu'ainsi mieux vaudrait échapper entièrement au monde, à ses propos et à ses jugements.

Cependant les supérieurs ecclésiastiques me montrèrent que le ridicule, les injures et les faux jugements faisaient partie du calice d'un vrai chrétien; ils m'engagèrent à boire ce calice et m'avertirent que Jésus-Christ avait annoncé à ses disciples des souffrances, des tourments et des supplices. — Ces graves paroles, loin de me décourager, enflammèrent ma joie intérieure; je me sentais prêt à tout, et je sollicitais vivement le baptême. On voulut le retarder : « Mais, quoi! m'é-

« criai-je, les Juifs qui entendirent la « prédication des apôtres, furent immé« diatement baptisés, et vous voulez m'a« journer, après que j'ai entendu la reine « des apôtres ! » Mes émotions, mes désirs véhéments, mes supplications touchèrent les hommes charitables qui m'avaient recueilli, et l'on me fit la promesse, à jamais bienheureuse, du baptême !

Je ne pouvais presque pas attendre le jour fixé pour la réalisation de cette promesse, tellement je me voyais difforme devant Dieu ! Et cependant que de bonté, que de charité ne m'a-t-on pas témoigné pendant les jours de ma préparation ! J'étais entré au couvent des Pères Jésuites pour vivre dans la retraite, sous la direction du R. P. de Villefort, qui nourrissait mon âme de tout ce que la parole divine a de plus suave et de plus onctueux. Cet homme de Dieu n'est pas un homme ; c'est un cœur, c'est une personnification de la céleste charité ! Mais à peine avais-je les yeux ouverts, que je découvris autour de moi bien d'autres hommes de ce même genre, dont le monde ne se doute pas. Mon Dieu, que de bonté, que de délicatesse et de grâce dans le cœur de ces vrais chrétiens ! Tous les soirs, pendant ma retraite, le vénérable Supérieur Général des Jésuites venait lui-même jusqu'à moi, et versait dans mon âme un baume du ciel. Il me disait quelques mots, et ces mots semblaient s'ouvrir et grandir en moi à mesure que je les écoutais, et ils me remplissaient de joie, de lumière et de vie.

Ce prêtre si humble et à la fois si puissant, aurait pu ne point me parler, car sa seule vue produisait en moi l'effet de la parole ; son souvenir aujourd'hui encore suffit pour me rappeler la présence de Dieu et allumer la plus vive reconnaissance. Je n'ai point de termes pour exprimer cette reconnaissance, il me faudrait un cœur bien autrement vaste, et cent bouches pour dire quel amour je ressens pour ces hommes de Dieu, pour M. Théodore de Bussières, qui a été l'ange de Marie, pour la famille de Laferronnays, à laquelle je porte une vénération et un attachement au-dessus de toute expression !

Le 31 janvier arriva enfin, et ce ne sont plus quelques âmes, mais tout une multitude d'âmes pieuses et charitables qui m'enveloppèrent en quelque sorte de tendresse et de sympathie ! Combien je voudrais les connaître et les remercier ! Puissent-elles toujours prier pour moi, comme je prie pour elles !

O Rome, quelle grâce j'ai trouvée dans ton sein !

La Mère de mon Sauveur avait tout disposé d'avance, car elle avait fait venir là un prêtre français pour me parler ma langue maternelle au moment solennel du baptême : c'est M. Dupanloup, dont le souvenir se rattachera toute ma vie aux émotions les plus vives que j'aie éprouvées. Heureux ceux qui l'ont entendu ! car les échos de cette puissante parole, qu'on a répétée plus tard, ne rendront jamais l'effet de la parole elle-même. Oh ! oui, je sentais qu'elle était inspirée par celle-là même qui faisait l'objet du discours.

Je ne rapporterai point les choses qui regardent mon baptême, ma confirmation et ma première communion, grâces ineffables que j'ai toutes reçues en ce même jour des mains de S. E. le cardinal Patrizi, vicaire de Sa Sainteté.

J'aurais trop à vous dire si je m'abandonnais à vous rendre mes impressions, si je redisais ce que j'ai vu, entendu et ressenti... si je rappelais surtout la charité qui m'a été prodiguée. Je nommerai seulement ici l'Éminentissime cardinal Mezzofante.... Le Seigneur a doté cet illustre personnage du don des langues, comme une récompense accordée à un cœur qui se fait tout à tous.

Une dernière consolation m'était réservée.

Vous vous rappelez quel était mon désir de voir le Saint-Père, désir ou plutôt curiosité qui m'avait retenu à Rome. Mais j'étais loin de me douter dans quelles circonstances ce désir se réaliserait. C'est en qualité d'enfant nouveau-né de l'Église que je fus présenté au Père de tous les fidèles. Il me semble que dès mon baptême j'éprouvais pour le Souverain Pontife les sentiments de respect et d'amour d'un fils ; j'étais donc bienheureux quand on m'annonça que je serais conduit à cette audience sous les ailes du R. P. Général des Jésuites ; mais pourtant je tremblais, car je n'avais jamais paru devant les grands du monde, et ces grands me paraissaient alors bien petits en comparaison de cette vraie grandeur. J'avoue que toutes les majestés du monde me semblaient concentrées sur celui qui possède ici-bas la puissance de Dieu, sur le Pontife qui, par une succession non interrompue, remonte à saint Pierre et au grand-prêtre Aaron, le successeur de Jésus-Christ lui-même, dont il occupe la chaire inébranlable !

Je n'oublierai jamais la crainte et les battements de cœur qui m'oppressaient en entrant au Vatican, en traversant tant de vastes cours, tant de salles imposantes qui conduisent au sanctuaire du Pontife. Mais toutes ces anxiétés tombèrent et firent place à la surprise et à l'étonnement, quand je le vis lui-même si simple, si humble et si paternel! Ce n'était point un monarque, mais un père dont la bonté extrême me traitait comme un enfant bien-aimé.

Mon Dieu, en sera-t-il ainsi au dernier jour, quand il faudra paraître devant vous pour rendre compte des grâces reçues? On tremble à la pensée des grandeurs de Dieu et l'on redoute sa justice; mais à la vue de sa miséricorde, la confiance renaîtra sans doute, et avec la confiance, un amour et une reconnaissance sans bornes.

Reconnaissance! telle sera désormais ma loi et ma vie! Je ne puis l'exprimer en paroles, mais je tâcherai de l'exprimer par mes actes.

Les lettres de ma famille me rendent toute ma liberté; cette liberté, je la consacre à Dieu et je la lui offre dès à présent, avec ma vie entière, pour servir l'Église et mes frères, sous la protection de Marie!

. . . .

. . . .

DERNIÈRES ANNÉES

DE

M. LE COMTE DE LAFERRONNAYS.

Nous croyons devoir joindre au récit de cette admirable conversion, deux lettres qu'un correspondant de l'*Union Catholique* a écrites à ce journal, sur les dernières années et les derniers moments de M. le comte de Laferronnays, dont le nom s'est trouvé mêlé à ce mémorable événement.

PREMIÈRE LETTRE.

Le long de la Voie Sacrée, parmi les monuments en ruine qui forment une ceinture si pittoresque à l'antique Forum, le temple des deux frères fondateurs de Rome est un de ceux qui ont le moins souffert des ravages du temps et des barbares. Le christianisme, en les purifiant, en a sauvé les débris. Restauré par un pape au VIe siècle, le temple de Romulus et de Rémus est devenu l'église de Saint-Côme-et-Saint-Damien, deux frères aussi, mais deux frères chrétiens demeurés toujours unis dans la vie par leur amour, dans la mort par le martyre, dans l'éternité par la gloire.

J'aime cette église comme un monument des premières conquêtes de la foi sur le paganisme. Il y avait hier la station du Carême, et je suis allé la visiter. L'âme encore toute remplie du souvenir de M. de Laferronnays, je me suis rappelé qu'à pareil jour, il y a un an, je me trouvai près de lui, à cette même place, priant sur le tombeau des deux martyrs, devant le Saint-Sacrement solennellement exposé. Il me semblait le revoir encore à genoux contre la balustrade du sanctuaire, dans l'attitude du recueillement le plus profond, les mains jointes et le visage en quelque sorte resplendissant d'une ferveur angélique. J'ai relu avec la vive émotion d'un tel souvenir une prière en forme d'amende honorable composée par lui et tout entière écrite de sa main ; il l'avait laissé tomber de son livre en se retirant... Hélas ! sa mort me permet aujourd'hui de révéler le secret de cette touchante prière : je crois pouvoir vous en adresser quelques fragments pour la plus grande louange de Dieu et pour la gloire aussi de cette âme si grande, si admirable dans son repentir :

« ..... O mystérieuse prévision de la « plus incompréhensible bonté, c'est à « vous seule que je crois de n'être point « tombé dans le désespoir; seule vous « pouviez relever mon âme du découra- « gement mortel dans lequel devait l'en- « traîner le souvenir terrible et toujours « présent de mes innombrables et si « cruelles offenses... Je puis m'offrir au

« monde comme une preuve vivante de
« votre inépuisable miséricorde. Je re-
« connais que pendant l'affreux délire
« auquel je m'abandonnai volontairement
« durant un aussi grand nombre d'années,
« j'ai dépassé les extrêmes limites de l'in-
« gratitude. Dès mon enfance vous m'a-
« viez prouvé votre protection en me
« laissant sous l'égide et la direction de
« la plus tendre et de la plus pieuse des
« mères, jusqu'à l'âge où pour la pre-
« mière fois je fus appelé à votre table
« sainte. Plus tard, lorsque les passions
« me présentèrent le joug humiliant au
« devant duquel me précipitait une ar-
« deur insensée, vous ne cessiez, ô mon
« Dieu, de m'appeler à vous. Souvent au
« milieu de mes égarements votre voix
« pénétrait comme malgré moi-même au
« fond de mon cœur, me faisant entendre
« de sévères conseils, de salutaires me-
« naces; mais, hélas! ces avertissements
« paternels portaient dans mon âme moins
« de repentir que de trouble passager,

« dont je parvenais à me distraire en me « précipitant dans de nouveaux désor- « dres. Plus tard encore, et lorsque sans « doute, par un effet nouveau de votre « grâce, vous voulûtes que mon sort fût « associé à celui de la plus vertueuse des « femmes, vous ne m'avez entouré que de « modèles et de guides qui tous m'indi- « quaient, en la suivant, la route qui « pouvait me ramener à vous. C'est en- « core vous, Dieu de bonté, qui dans « les dangers auxquels je fus souvent ex- « posé durant les vicissitudes de ma car- « rière, m'avez constamment et miracu- « leusement protégé. Vous saviez que, « dans ces temps de révolte et de cou- « pable folie, mon âme souillée n'aurait « pu paraître devant le tribunal de votre « justice, que pour y entendre prononcer « la sentence de son éternelle condam- « nation! Vous laissiez la mort menacer « une tête coupable, mais sans lui per- « mettre de frapper; vous m'attendiez « encore!!! Voilà, mon Dieu, la moindre

« partie des grâces que vous m'avez ac-
« cordées! Et comment les ai-je recon-
« nues!... Pendant près d'un demi-siècle
« j'ai volontairement fermé les yeux pour
« ne pas voir, et bouché mes oreilles
« pour ne pas entendre! Esclave du dé-
« mon, je sacrifiais à cet esprit de té-
« nèbres, je lui livrais mon repos, ma
« vie, ma conscience, mon âme, mon
« salut. Méconnaissant vos bontés, ô mon
« Dieu, repoussant la main qui voulait
« me sauver, et comme acharné à ma
« propre ruine, je me plaisais à entasser
« offenses sur offenses, outrages sur ou-
« trages : la masse de mes iniquités s'éle-
« vait comme une montagne immense
« jusqu'au trône de votre justice, sem-
« blait la braver et provoquer vos ven-
« geances!... O mon Dieu, jamais, non
« jamais aucun de vos enfants ne fut aussi
« ingrat, ni plus coupable que je ne le
« fus envers vous! Et lorsqu'enfin ras-
« sasié des jouissances empoisonnées du
« monde, épuisé de lassitude et de dé-

« goût, les glaces de l'âge sont venues « me donner un premier avertissement « des approches de la vieillesse et de la « mort, lorsque des pensées sérieuses et « un commencement d'inquiétudes sont « venus agiter mon âme ; alors, mon Dieu, « épouvanté de moi-même, j'ai cru que « l'heure du pardon était passée, que des « remords si tardifs et nécessairement « incomplets ne pouvaient plus désarmer « votre colère; j'allais ajouter à mes of« fenses celle de douter de votre misé« ricorde, si, prenant pitié de ma misère, « vous n'aviez envoyé à mon secours un « guide, un consolateur, qui, soutenant « mon courage, m'a précipité à vos pieds, « m'a appris à mieux vous connaître, à « demander grâce et à espérer. »

Ne diriez-vous pas que ces pages, baignées des larmes de M. de Laferronnays, sont tirées du livre où saint Augustin, touché par la grâce, a déposé l'aveu public de ses longues erreurs et de la douloureuse expression de ses regrets?

C'est aussi dans une de ses lettres que je prends les détails plus complets de sa conversion. Quand une âme se révèle elle-même en s'épanchant au pied de la croix ou dans le sein d'un ami, qui oserait tenter de mettre ses propres récits à la place de ces touchantes effusions du repentir et de l'amitié?

« Les réflexions que j'ai eu le temps de « faire pendant la durée de ce long et so-« litaire voyage, ont enfin porté quelques « fruits. En arrivant à Paris, j'étais con-« vaincu, décidé; cette résolution, cette « conviction ne sont pas l'effet de l'en-« traînement ni de la précipitation. Ce « n'est pas non plus l'éclat de lumières « capables de m'éblouir qui m'a ouvert « les yeux; mon âme n'a point eu à se « défendre ni à se tenir en garde contre « les charmes d'une éloquence entraî-« nante; toutes les vives émotions que « j'ai successivement éprouvées sont ve-« nues de moi; je n'y ai cédé qu'après « les avoir combattues; le vieil homme a

« voulu se défendre, et la lutte a été vive « et longue. Mais en repassant sur cette « vie de cinquante-huit ans, en faisant « l'énumération et l'examen sincère de « cette longue série de jours qui tous fu- « rent employés à faire le mal, en pensant « aux mauvais exemples que j'ai donnés, « au mal que j'ai fait commettre, au scan- « dale dont j'ai été si souvent l'occasion, « et fouillant dans ce tas de méchantes « actions sans pouvoir y en trouver une « seule qui fût bonne ou seulement inno- « cente, je me suis épouvanté de moi- « même et me suis pris dans un si grand « dégoût que le désespoir a été bien près « de s'emparer de mon cœur, pour n'y lais- « ser aucune place au repentir. J'ai passé « plusieurs jours, en voyageant, dans un « état violent et bien pénible. Puis, tout « à coup, sans que je sache vous dire « comment ni pourquoi, je me suis senti « tranquille, presque heureux, comme si « quelque chose de doux et de calmant « était descendu dans mon âme. — C'était

« sans doute l'espérance. Je me suis rap-
« pelé qu'elle était permise, qu'elle était
« même prescrite comme devoir, et que
« le pardon était promis au coupable re-
« pentant. J'ai béni, j'ai remercié le Ciel
« de m'avoir envoyé le remords, et avec
« lui l'espérance et la foi. C'est dans cette
« disposition que je suis arrivé à Paris.
« J'étais sûr de n'avoir plus de respect
« humain à vaincre, plus de fausse honte
« à surmonter. Une de mes premières vi-
« sites a été pour votre ami de la rue de
« Grenelle, auquel j'ai remis votre let-
« tre. J'ai eu ensuite une longue entrevue
« avec lui. J'ai voulu que l'homme connût
« l'homme, avant que le juge écoutât le
« coupable ; je lui ai raconté toute l'his-
« toire de ma criminelle vie, et je vous
« jure que je l'ai fait avec sincérité, et
« sans aucune envie de me disculper.
« J'éprouvais une sorte de bien-être et
« de soulagement à faire ces confidences,
« sans les mettre sous la garantie du se-
« cret ; et, me livrant ainsi, il me sem-

« blait que j'expiais quelque chose. Après « ces aveux faits à l'homme, il ne m'a été « ni pénible ni difficile de les répéter aux « pieds du juge qui a reçu la noble mis- « sion, le consolant pouvoir d'absoudre « et de pardonner. Ma vanité habituelle « a voulu cependant un moment se révol- « ter : un meilleur sentiment l'a surmon- « tée, et j'ai l'espoir que Dieu, qui lisait « au fond de mon cœur, a vu mon repen- « tir sincère, et que sa miséricorde infinie « a sanctionné la grâce que son ministre « a prononcée sur moi. Voilà, mon ami, « où j'en suis depuis dix jours. Je sens « avec bonheur et reconnaissance que « chaque jour mes résolutions s'affermis- « sent. Ma raison, soumise sans doute par « la grâce, ne me demande plus compte « de rien de ce que je crois; mon esprit « ne se perd plus dans de vaines et inutiles « analyses; je crois tout simplement, et « je trouve qu'il est bon et doux de croire « ce qui ne commande que le bien et ne « promet que le bonheur..... »

Ce fut une grande et solennelle époque dans la vie du comte de Laferronnays. Cette résolution une fois prise, il la suivit, il la poussa jusqu'au bout, en ligne droite. Rien ne put l'arrêter ni faire fléchir son courage. *Il crut*, et dès ce jour toutes les actions de sa vie s'élevèrent à la hauteur de sa foi. Les terreurs du respect humain, d'ordinaire si facilement puissantes sur les hommes qui se sont trouvés mêlés aux grands mouvements des affaires publiques, n'approchèrent jamais de son noble cœur. Il y avait trop de bonheur, et selon lui trop d'honneur à posséder la vérité catholique, pour ne pas marcher la tête haute à sa divine lumière. Humble et simple comme un enfant dans les candides effusions de son amour pour Dieu et dans la touchante ferveur de ses pratiques de piété, son âme, naturellement élevée, comprenait et saisissait avec une généreuse ardeur tout ce que le christianisme, soit dans ses relations privées, soit dans les rapports de la vie publique, inspire de fortes résolutions, d'affectueux et d'énergiques sentiments, de tendre compassion, de sublimes dévouements, de hautes pensées, de vues profondes et de rares lumières. Certes, c'était une grande et noble nature que celle du comte de Laferronnays; mais le christianisme pratique, en le pénétrant de sa vie puissante, en avait doublé la noblesse et la grandeur.

Je ne prétends pas ici le louer; je me borne à vous le faire connaître, et c'est par ses propres lettres seulement que je veux qu'il vous soit connu. Quoi de plus tendre et de plus élevé que cette compassion que lui inspire la douleur d'un père et d'une mère pleurant une jeune fille, leur unique amour, leur dernière joie perdue!

« Quel retour affreux! quel moment « que celui de leur arrivée *sans elle* à « L.....! Quel vide autour d'eux, et quelle « existence désolée que la leur! Cette « foule de réflexions dont je ne puis me

« défendre oppressent le cœur, fatiguent « la pensée, et précipitent au pied de la « croix celui qui a le bonheur de croire. « Que demander aux hommes, et que « peut-on attendre d'eux dans les gran- « des crises de l'âme? Comment leur « sympathie, quelque vive qu'on la sup- « pose, pourrait-elle s'identifier avec cette « vive douleur? Non, cher ami, la langue « ne peut prêter à l'amitié la plus tendre « aucune expression qui puisse adoucir « le moins du monde le désespoir d'un « père et d'une mère aussi profondément « malheureux. La religion seule, et tou- « jours elle, fait dire les mots que le cœur « déchiré a besoin d'entendre, seule elle « a le droit et le pouvoir de faire couler « les larmes sans trop d'amertume, seule « elle peut oser parler d'espérance à côté « du désespoir, seule aussi elle peut pro- « mettre l'avenir à ceux qui n'ont plus de « passé ni de présent. Il n'y a qu'elle qui « ait la sublime puissance de relever l'âme « abattue, en offrant la certitude d'une

« éternelle réunion à ceux dont une af-
« freuse séparation vient de briser pour
« toujours les liens de la vie mortelle.
« Oh ! que je plains ceux qui souffrent et
« sont assez malheureux pour conserver
« des doutes sur ces grandes et conso-
« lantes vérités ! Chaque fois qu'une dou-
« leur nouvelle vient assaillir le cœur,
« qu'il doit être triste de ne savoir de
« quel côté tourner ses regards, et d'être
« obligé de rester seul aux prises avec le
« malheur et le désespoir ! L'âme chré-
« tienne, au contraire, trouve toujours
« un sûr refuge au pied de la croix ; elle
« vient y répandre ses larmes, raconter
« ses douleurs, puiser la force et le cou-
« rage de la résignation qui serait impos-
« sible sans la foi que donne l'espérance... »

La même lumière qui l'avait conduit aux sources pures des véritables consolations, lui révélait, jusque dans l'abjection morale la plus profonde, la valeur surnaturelle de ces âmes dégradées que la foi chrétienne réhabilite, tandis que le monde, pour toute récompense, les écrase de ses mépris. Quelles sublimes paroles il laisse tomber sur un grand personnage arrivé, chargé de honte, aux dernières limites d'une vie de désordres!

« Cette tête autrefois si haute, si in-
« solente, maintenant courbée sur la
« tombe! ce regard spirituel, méchant et
« toujours libertin, aujourd'hui morne,
« éteint, hébêté! Toute cette lente et hu-
« miliante décomposition d'une organisa-
« tion dont on fut si fier et dont on abusa
« si effrontément!!! Voilà des leçons!
« Eh bien! mon ami, cette décrépitude,
« cette mort morale, cette fin presque re-
« butante d'une vie scandaleuse, le monde
« s'en dégoûte, s'en écarte avec horreur,
« mépris ou pitié. Mais Dieu est là! il ne
« juge pas comme le monde; d'un mot,
« d'un regard, il relève, il régénère, il
« sanctifie cette âme égarée : et celui
« que nous regardons avec tant de dé-
« dain, avec une pitié si souvent insul-
« tante, s'il a pu élever une fois son cœur

« et ses yeux vers le ciel, cet homme si « fini a peut-être déjà sa place marquée « là-haut! Encore quelques jours de souf- « frances et d'humiliations, et peut-être « ce sera lui qui nous plaindra et nous « regardera en pitié! Voilà pourtant « ce que notre sublime religion nous « oblige de croire, et ces gens vous disent « que c'est une niaiserie! Ils tuent, ils « flétrissent, et vous livrent au néant! « Voilà ce qu'on nomme philosophie, « amour de la sagesse! »

En aucun temps, l'éclat des grandeurs, ni la gloire d'un rôle important dans les conseils où s'agitaient les destinées de la France et de l'Europe, n'avaient tenté l'ambition de M. de Laferronnays. Il écrivait, le jour même de sa nomination au ministère des affaires étrangères : « Mon « ami, je suis bien triste et bien malheu- « reux! Malgré toutes mes résolutions, « j'ai accepté cette terrible place. J'aurais « résisté peut-être aux désirs du roi, j'ai « cédé à sa tristesse, à sa bonté, et me

« voilà enchaîné. Vous lirez ce matin ma « sentence dans le *Moniteur*, et vous pour« rez vous dire que dans ma nouvelle « position, qui sera si enviée par tant de « monde, il n'y a pas d'homme en France « qui se trouve plus à plaindre et plus « malheureux. C'est une singulière chose « que la destinée, et je ne comprends « rien à la mienne, qui me pousse tou« jours du côté opposé à celui où je vou« drais aller. Jamais cependant je ne l'ai « trouvée plus triste, plus contraire à mes « vœux que dans cette circonstance. Si « jamais on vous dit que je suis ambitieux, « que j'aime ce qu'on nomme les hon« neurs, les tracas d'affaires, l'importance « des places, enfin toutes ces niaiseries « humaines pour lesquelles on se bat et « l'on bouleverse des empires, pressez« vous bien vite de dire que l'on en a « menti. »

Mais ce fut d'un point de vue plus grave et plus élevé, parce qu'il était plus religieux, qu'il envisagea depuis sa conversion toutes ces *niaiseries humaines.* Il les domine véritablement de toute la hauteur de l'éternité, dont il a constamment la pensée dans le cœur !

« Quand c'est au bout de cinquante ans « d'étourdissement et de dissipation que « ces grandes pensées de la mort vous « occupent, croyez-vous qu'il soit bien « de chercher à s'en distraire, et qu'on ait « tort de ne pas y être disposé? Me trou« verez-vous bien coupable de désirer que « rien ne vienne m'arracher à ce genre « de réflexions, auxquelles on ne se livre « bien que dans le silence et la solitude? « Non, mon ami, je suis bien sûr que « vous me comprenez, et si quelque de« voir impérieux venait me demander ce « qui me reste de force, et me condam« ner à une vie indépendante et distraite, « vous sauriez me plaindre et mesurer « l'immense sacrifice qui me serait imposé « à mon âge et *avec un terrible passé;* les « minutes sont d'un prix immense; on « redoute tout ce qui peut détourner ou

« dénaturer l'emploi d'une de ces minutes
« précieuses. J'ai perdu tant de temps que
« tout ce qui peut m'arrêter ou me faire
« reculer, peut me mettre dans le cas
« d'être surpris avant d'être arrivé. Tout
« cela n'est sérieux que pour moi; les
« politiques de salons et les rédacteurs de
« journaux n'y pensent guère, et en me
« poussant comme ils le font, il leur im-
« porte peu où je tomberai. *Mais il m'im-
« porte à moi!* Aussi ils peuvent être sûrs
« qu'à moins que je me sente convaincu
« de la volonté de Dieu, aucune considé-
« ration ne me fera céder. »

La plupart de ces admirables lettres furent écrites de Rome. C'est à Rome que cette belle âme, plus rapprochée des sources pures de la foi, rafraîchie par des rosées spirituelles plus abondantes, avait poussé en peu de temps d'aussi profondes racines dans la vertu; c'est dans la douce chaleur de l'atmosphère catholique qu'elle avait épanoui ses fleurs les plus suaves, c'est de là qu'elle répandait au loin tous ses parfums. C'est à Rome aussi, c'est sur cette terre sacrée qui lui avait été si propice, que l'arbre *est tombé*, affaissé sous le poids des fruits de charité tendre, de sincère piété, d'humble repentir, dont sa vigoureuse vieillesse, rajeunie par la foi, s'est montrée si féconde! La douceur de ses parfums et de ses fruits demeure dans l'église de Rome comme l'une de ses plus belles gloires, dans le souvenir de tous ses amis comme un charme puissant qui les attache ou les attire au Christianisme, dans les cœurs mêmes qu'il a brisés, en tombant comme un baume céleste à leur blessure, comme un gage manifeste d'immortalité.

DEUXIÈME LETTRE.

Rome, 19 janvier 1842.

J'avais recueilli les détails que je vous transmets sur les derniers moments de

M. le comte de Laferronnays, peu de jours après sa mort. Je ne sais par quelle malheureuse inadvertance cette lettre, que je croyais vous avoir envoyée, est restée parmi d'autres papiers sur mon bureau. Je vous l'adresse cependant, malgré ce retard que je déplore : la mémoire du comte de Laferronnays ne peut pas s'effacer si vite en France, même à cette époque agitée où tant d'événements se précipitent et ne peuvent conserver un passé de vingt-quatre heures.

..... Hélas ! hélas ! encore une douloureuse perte et une perte tout inattendue ! Avant-hier, à cette même heure, mon ancien et fidèle ami, le comte de Laferronnays était chez moi, m'amenant un jeune peintre dont le talent et les sentiments religieux lui inspiraient un vif intérêt. Comme je lui reprochais d'être venu beaucoup plus tard qu'il ne s'était annoncé : « Je n'ai pas pu venir plus tôt, me dit-il, « j'avais une lettre importante à écrire, il « était indispensable que je la fisse partir

« aujourd'hui !..... » Il ne se doutait pas, ni moi non plus, à quel point il était indispensable qu'il profitât de ce courrier. Je le quittai pour faire quelques visites, hélas ! sans même lui dire adieu, et cependant je ne devais plus le revoir vivant !... Il accompagna mes enfants qui sortaient avec sa fille et son gendre, le comte de Meun ; ils allèrent ensemble à Saint-Jean-de-Latran, où il pria longtemps comme à son ordinaire, devant le Saint-Sacrement. Il se plaignit un peu d'une douleur de poitrine qui depuis quelque temps lui revenait par accès et d'une manière si vive et si subite, qu'elle l'empêchait tout à coup de marcher ; mais du reste, il fut aimable et gai comme il l'était toujours. Mes enfants le retrouvèrent au Salut du Saint-Sacrement, dans la chapelle de l'Adoration perpétuelle, au Quirinal.

Il y avait ce soir-là une brillante fête à l'ambassade d'Autriche. Madame de Laferronnays devait y conduire ses filles, et, pendant qu'elles s'habillaient, M. de Laferronnays s'amusait à faire jouer son petit-fils. Il était huit heures et demie à neuf heures, il se plaignit encore de sa douleur; mais comme elle lui était habituelle, on s'en affligeait sans en avoir de l'inquiétude; on l'attribuait à l'effet d'un *brasero* qu'on avait mis dans cette pièce pour la réchauffer et dont la trop forte chaleur avait peut-être appelé le sang à la poitrine. Quoi qu'il en soit, on envoya chercher le médecin. Madame de Laferronnays écrivit un mot à M. l'abbé Gerbet, mais son état inspirait si peu d'inquiétude que M. de Meun s'approcha de sa belle-sœur, à qui sa mère avait remis le billet, et s'attristait avec elle de la disposition de l'esprit et du cœur de madame de Laferronnays, qui la portait toujours à s'exagérer les maux de son mari. On n'envoya donc pas tout de suite cette lettre à M. l'abbé Gerbet. A l'arrivée du médecin, une saignée fut jugée nécessaire; on appela un chirurgien. Mais les douleurs s'étant calmées, on crut la crise terminée, et la saignée fut suspendue. Cependant, de nouvelles douleurs firent bientôt rappeler le chirurgien, qui pratiqua deux saignées au bras : mais ce fut sans aucun résultat. Le pauvre malade souffrait horriblement; des cris s'échappaient malgré lui. Pendant ce temps sa femme, son angélique femme, était dans une position affreuse, allant, venant, s'éloignant pour ne pas entendre ses plaintes, lorsque tout à coup quelques mots lui révèlent l'imminence du danger. A l'instant même elle s'établit près de son lit où l'on venait de le coucher, prend sa main dans la sienne, et dans le plus grand calme apparent, plein de douceur et de résignation, elle ne le quitte plus. Cependant M. l'abbé Gerbet arrive, il s'approche de son lit et le bénit, puis à quelques questions qu'il lui adresse : *Oh! oui*, répond le cher malade, avec un admirable élan de cœur, *oh! oui, je me repens de tous mes péchés! Oh! oui, j'aime*

Dieu de toute mon âme. Et prenant le crucifix, il le presse avec amour contre ses lèvres, et ne cesse de répéter cette simple et touchante invocation : *Mon Dieu, ayez pitié de moi ! Sainte Vierge, priez pour moi, venez à mon aide !...* Il avait eu le bonheur de communier la veille. Dans ce danger extrême, son confesseur lui donne l'absolution ; il la reçoit avec un sentiment de profond repentir, que révèlent les larmes dont ses yeux sont obscurcis. Puis, son regard, redevenu serein, n'exprime plus que le calme, la paix divine, la joie céleste de son âme. *Comme je suis heureux maintenant*, répète-t-il d'une voix éteinte, avec un sourire de prédestiné, *comme je suis heureux !* Mais bientôt un étouffement plus fort le saisit : *Adieu*, dit-il à sa chère femme en lui prenant la main, adieu mes chers enfants !... et quelques minutes après, cette âme si belle, si noble, si chrétienne, paraissait devant Dieu, et les jeune filles encore parées pour une fête, maintenant comme des anges de douleur, agenouillées devant un lit de mort, priaient avec des sanglots et des cris déchirants près du corps glacé de leur père ! Il était dix heures et demie du soir.

C'était un spectacle à fendre le cœur. Quel malheur inattendu! quel coup de foudre! Mais cette mort subite, qui a brisé de si doux liens en quelques heures, n'est pas venue à l'improviste pour celui qu'elle a frappé; je puis dire que depuis plusieurs années, il l'attendait et s'y préparait chaque jour, comme si le soir elle avait dû venir le surprendre. Ce jour-là même, en entrant chez lui, il avait dit à sa femme : *J'étais à Sainte-Marie-Majeure, je me suis mis à genoux devant la madone, et après l'avoir implorée, j'ai dit à Dieu : Me voici, Seigneur, je suis prêt; si vous voulez de moi, venez me prendre; mais si vous me laissez encore sur la terre, je n'emploierai plus ma vie qu'à votre gloire.* Cette pensée de la mort lui était habituelle, sans qu'elle altérât jamais ni le calme de son cœur, ni l'aimable et douce gaîté de ses conversations; tandis qu'un profond dégoût des plaisirs et des grandeurs l'avait détaché de ces illusions dont il avait senti tout le vide; l'ardeur de sa foi lui montrait au-delà du tombeau les magnifiques espérances qui pouvaient seules remplir un noble cœur comme le sien. Rome, avec le caractère de tristesse de ses ruines, et les souvenirs de tous ses monuments chrétiens, ajoutait encore à la puissante impression des graves et saintes pensées dont son âme aimait à se nourrir. J'ai sous les yeux une lettre qu'il écrivait il n'y a pas encore un an; je vais vous en transcrire ici quelques fragments, qui vous feront mieux apprécier cette disposition de cœur où vivait habituellement cet homme excellent, en qui la religion relevait si bien toutes les nobles qualités qui nous rendent sa perte si douloureuse et sa mémoire si chère :

« Je quitte Rome avec un grand re-
« gret, et sans les raisons qui me rap-

« pellent en France, j'y aurais bien cer-
« tainement et pour longtemps prolongé
« mon séjour. C'est que je la vois et la com-
« prends bien mieux que je n'ai jamais su
« le faire encore. Pour celui qui a le
« bonheur de croire, pour celui qui s'est
« recueilli quelques instants dans cette
« ville du silence et de la foi, oh! c'est
« ici, c'est à Rome qu'il voudrait vivre et
« mourir. J'admire autant que d'autres
« ces ruines colossales qui donnent une
« si grande idée de ce que devaient être
« et ces prodigieux monuments dont les
« débris couvrent toute cette plaine de
« Rome, et le peuple qui les élevait. Je
« conçois que l'imagination soit saisie,
« exaltée au milieu de ces magnifiques
« décombres, cependant ce ne sont point
« là les ruines qui m'attachent, ni les
« souvenirs que j'aime à Rome et que je
« regrette en m'éloignant. Mais le sol de
« ces théâtres inondés du sang de tant de
« milliers de martyrs, ces restes précieux

« des héros de la foi partout conservés et « vénérés au lieu même de leur glorieux « supplice, cette sainte poussière des ca- « tacombes, cette terre sacrée si souvent « témoin des souffrances et des triom- « phes de l'Église, de ses tribulations et « de ses gloires, cette pierre inébranlable « contre laquelle viennent, depuis bien- « tôt dix-neuf siècles, se briser tous les « efforts de la rage impuissante de l'im- « piété, de l'hérésie et du philosophisme. « Ce trône d'un pauvre pécheur élevé « sur le trône des puissants Césars, do- « minateurs du monde! Tout cela ici! « autour de moi! Oh! mon ami, com- « ment le voir et ne pas croire! Comment « ne pas pressentir ici les immortelles « destinées de notre âme! Comment ne « pas comprendre d'où elle vient, où elle « va! Comment vient-on à Rome seule- « ment pour voir des pierres! Comment « surtout, au milieu de tant de témoins « qui attestent Dieu et sa puissance, la

« religion catholique et sa vérité, peut-on « ne chercher qu'à critiquer quelques « abus, la police du pays et la singularité « de quelques pratiques et cérémonies « religieuses, pratiques utiles, cérémo- « nies mystérieuses, dont nos infiniment « petits et vains esprits ne comprennent « ni le sens ni la nécessité! Pour une « âme catholique Rome n'est que Rome « catholique, c'est le pays des souvenirs « catholiques, des miracles catholiques, « des méditations, des inspirations, des « espérances catholiques. Ici, la foi se « raffermit; ici, le catholique soulève en « quelque sorte un coin du voile qui « couvre les sublimes mystères de notre « admirable religion : ici, l'âme catho- « lique pénètre d'une vue claire et dis- « tincte le néant de toutes les grandeurs « du monde, le vide de toutes ses gloires; « elle respire déjà l'air calme et pur de « l'immuable éternité. J'ai vu Rome trois « fois, lorsque mon cœur était encore

« glacé par les ténèbres de l'indifférence
« religieuse, et comme d'ailleurs je n'é-
« tais ni artiste ni poëte, trois fois je m'y
« suis mortellement ennuyé, comme je
« me serais ennuyé d'écouter un discours
« dans une langue que je ne comprends
« pas. Cette fois j'ai le sens qui fait voir,
« entendre, comprendre, pressentir. Mes
« journées sont trop courtes, je suis avide
« de voir et de savoir : mon âme est pleine
« d'émotions délicieuses, et d'autant plus
« vives qu'elles sont toutes nouvelles
« pour moi. Je demande à Dieu qu'il
« m'accorde la grâce d'y revenir... Oh!
« oui, c'est à Rome que je voudrais vivre
« et mourir!... »

Et Dieu lui a fait cette grâce, il a exaucé les pieux désirs de cette âme chrétienne. Le comte de Laferronnays est revenu à Rome, il y a vécu au milieu de toutes les consolations de la foi, il a eu le bonheur d'y mourir au milieu de toutes ses bénédictions.

Sa mort a fait répandre bien des larmes ! C'était une âme si aimante et si tendre, et il était si universellement aimé ! *Cunctorum amans, cunctis amabilissimus!* Son corps fut embaumé et exposé durant trois jours dans une chapelle ardente, au palais Spina qu'habitait sa famille. Plusieurs prélats et des prêtres français se sont fait un pieux devoir d'y aller célébrer la sainte messe. Le vénérable P. de Géramb a passé tout une nuit en prières auprès de son cercueil; touchant et dernier témoignage d'une amitié formée dans les dissipations de la jeunesse, et sanctifiée depuis par la religion qui s'empara de ces deux âmes généreuses pour les conduire, l'une à la plus haute piété dans le monde, l'autre aux plus austères rigueurs de la pénitence dans un cloître de la Trappe. Tous les hommages qui peuvent honorer sa mémoire et consoler ceux qui pleurent ont entouré sa tombe. Des amis nombreux, d'illustres étrangers, des ambassadeurs de France, d'Autriche et de Naples, de nobles femmes qui priaient et pleuraient à l'écart, ont formé le glorieux cortége de ses modestes funérailles. Au fond de toutes ces âmes en deuil, la plus douce espérance, une espérance toute chrétienne, qu'un événement extraordinaire avait fait naître, est venue tempérer l'amertume des regrets et la tristesse des larmes. Le lendemain de sa mort, dans cette même église, à quelques pas du catafalque dressé pour ses funérailles, M. Alphonse Ratisbonne, pour la conversion duquel il avait promis en mourant de prier Dieu, si lui-même il trouvait grâce auprès de sa justice, avait été renversé, comme saint Paul, par une vision surnaturelle et s'était relevé demandant le baptême et bénissant l'illustre défunt qui avait prié pour lui sans le connaître. Ainsi, Dieu lui-même semblait nous autoriser à croire à l'éternel bonheur de cette âme si chère; car, tandis que nous offrions pour elle et nos larmes, et nos prières, et le précieux sang de Jésus-Christ, l'efficacité de son intercession dans le ciel se révélait au milieu de nous par un miracle !

FIN.

www.ingramcontent.com/pod-product-compliance
Ingram Content Group UK Ltd.
Pitfield, Milton Keynes, MK11 3LW, UK
UKHW020214250726
13967UKWH00003B/1473